L'URGENCE HUMANITAIRE, ET APRÈS ?

Du même auteur

Pour en finir avec la politique mensonge, La Table Ronde, 1992.

L'Enfant oublié ou les folies génétiques, Albin Michel, 1994.

Les Droits de la vie, Odile Jacob, 1996.

Le Chemin de l'adoption. Le cœur et la raison, Albin Michel, 1997.

Philosophie, éthique et droit de la médecine, avec Dominique Folsheid, PUF, 1997.

De la médecine à la santé, pour une réforme des études médicales et la création d'universités de santé, Flammarion, 1997.

Sciences de la vie et de la terre (tous les programmes des collèges et lycées, 2 vol.) Éditions de la Cité, 1998-1999.

Le Passeur d'Univers, Calmann-Lévy, 2000.

Sonate pour un clone, Presse de la Renaissance, 2000.

Santé sociale : ces absurdités qui nous entourent, Anne Carrière, 2001.

JEAN-FRANÇOIS MATTEI

avec le concours de Jean-Philippe Moinet
et de Pierre Kremer

L'URGENCE HUMANITAIRE, ET APRÈS ?

De l'urgence à l'action humanitaire durable

HACHETTE
Littératures

Ouvrage publié
sous la direction de Sylvie Pierre-Brossolette

À tous ceux qui ont foi en l'homme,
ceux qui donnent amour, temps et argent,
ceux qui reçoivent avec l'espérance de donner à leur tour,
ceux qui veulent bâtir un monde plus humain.

Introduction

L'électrochoc du 26 décembre

L'année 2004 s'achève. Chacun prépare Noël et le réveillon à sa façon, évoque les bonnes résolutions pour l'année à venir. Le 19 décembre je suis élu à la présidence de la Croix-Rouge française. J'ai tout à apprendre de cette formidable institution et suis bien décidé à m'y appliquer. Le 26 décembre, une semaine après jour pour jour, à l'autre bout du monde, un gigantesque tsunami déferle et tue en quelques minutes des dizaines de milliers de personnes sur des milliers de kilomètres de côtes, de l'Asie du Sud-Est à l'Afrique, de part et d'autre de l'océan Indien. Dans les heures qui suivent, les premières équipes partent, des avions sont affrétés, un appel à la générosité est lancé. En fait tout le monde est mobilisé, sans doute comme jamais, sans qu'on ait même le temps de le réaliser.

C'est probablement la première réflexion qui me vient. Devant un tel drame, tout est apparu comme

« formidablement normal » : l'élan de mobilisation sans précédent, la générosité battant tous les records, les médias encourageant tout cela au rythme échevelé d'images insoutenables. Un nouveau temps fort dans la mondialisation a été vécu : après la défense de la paix avec les Casques bleus de l'ONU, les balbutiements de l'Organisation mondiale du commerce, les tentatives de stratégies mondiales pour sauver notre planète, voici la mondialisation de la conscience humanitaire. Chacun s'est senti concerné. Chacun s'est senti impliqué et a voulu s'inscrire dans la chaîne de solidarité. Même modestement, anonymement.

Dès mon premier voyage au Sri Lanka et en Indonésie, début janvier, en pleine tragédie, au milieu des ruines, c'est ce sentiment-là que j'ai éprouvé. La Terre entière était là, ou presque. Pour aider, témoigner, participer. On ne pouvait être absent, tout simplement. Bien sûr c'était encore souvent dans le désordre et l'improvisation, mais après tout les élans d'humanité sont ainsi, riches de leur spontanéité. Chacun apporte d'abord sa présence : un regard, un sourire, une poignée de main, une attention, un silence partagé autour d'une même pensée quand le temps réclame un peu de répit. Les différences de langues s'effacent pour céder la place à l'essentiel, bien au-delà des mots... Une de ces rencontres entre l'homme et son humanité. Ceux qui souffrent se redressent déjà fièrement et avec la volonté de vaincre, et ceux qui compatissent – souffrent avec – offrent leur présence et leur disponibilité.

Et puis l'urgence s'est éloignée. Une fois les morts enterrés, les blessés soignés, les sinistrés regroupés, fallait-il considérer que la tâche était finie ? Fallait-il rentrer à la maison ? Fallait-il laisser les rescapés désespérer de l'avenir ? De telles questions taraudent évidemment la conscience. Quand s'arrêter ? Je suis donc retourné au Sri Lanka, en Indonésie et aux Maldives en février pour mieux me rendre compte de la situation sur le terrain et nouer les contacts nécessaires, voir, questionner, écouter. L'urgence humanitaire est probablement l'une des plus belles actions qui soient et ceux qui l'ont vécue peuvent en témoigner. Savoir qu'à tout moment, en toutes circonstances, une armée de volontaires peut se mobiliser pour venir en aide à des vies menacées est un des arguments forts qui permettent d'espérer et de croire dans la nature de l'homme.

Mais, à bien y réfléchir, peut-on se contenter du sauvetage pour la survie ? N'y a-t-il pas un besoin de poursuivre l'action ? Un devoir d'accompagner corps brisés et âmes en peine pour leur permettre de repartir dans la vie, la vraie vie de tous les jours ? Assurer la vie après la survie !

C'est ainsi qu'il est peu à peu apparu indispensable de redonner à ceux qui avaient tout perdu le toit d'une maison pour abriter une famille, les bancs d'une école pour que les enfants puissent apprendre et grandir, les soins d'un dispensaire ou d'un hôpital pour vaincre maladies et blessures, enfin, le travail indispensable pour gagner sa vie. Grâce aux sommes considérables venues de la générosité des citoyens, une telle entreprise était possible. Difficile, longue, mais possible. Au mois de juin, je suis donc retourné une troisième fois dans ces pays meurtris qui voulaient prendre le dessus. Ils avaient leurs exigences, affirmaient leur souveraineté, voulaient décider et contrôler, maîtriser leur sol comme leur urbanisme. Quoi de plus normal ? Mais sans aide, ils ne pouvaient pas tout faire. Nous avons donc, comme beaucoup d'autres d'ailleurs, fait le choix de nous installer pour longtemps afin de travailler. Sans sortir de notre rôle d'organisation humanitaire, nous avons décidé de nous battre contre l'inertie, le temps qui passe, la paperasserie et les tracasseries pour sortir au plus vite de cette période transitoire où les rescapés vivent dans des situations précaires et souvent inhumaines, quelles que soient les attentions qu'on leur témoigne.

Peu d'observateurs ont su rendre compte de la complexité de ce type d'engagement, qui échappe aux perceptions immédiates, voire aux attentes du public. D'où un sentiment de décalage, de malentendu entre l'image que l'on se fait de l'humanitaire et les réalités rencontrées sur le terrain. Ce livre est né de ce constat, et du besoin de questionner le sens de l'action humanitaire que nous conduisons. Il est le résultat d'une réflexion amorcée au contact du réel. Mais pas seulement. Il est aussi, comme toute réflexion, le produit d'une histoire personnelle qui en forme le fond.

Le fil d'un unique élan

Sourire ou rébellion ? Ces deux mots me viennent spontanément lorsque je me retourne sur mon passé, récent ou plus lointain.

Rébellion d'abord. Le terme peut surprendre s'appliquant à mon itinéraire. Il exprime pourtant mon principal moteur. Il ne s'agit pas de ces rébellions bruyantes, qui s'expriment dans la violence et les éclats, mais de celles, discrètes, qui façonnent la volonté et affermissent la détermination dans l'engagement. Rien dans ma vie n'aurait été possible sans révoltes intimes. Rien dans mon parcours n'aurait eu d'intensité sans une inclination au combat de tous les jours.

Rébellion donc. Car je me suis toujours battu contre l'idée d'une vie programmée et d'un destin inéluctable. La génétique médicale à laquelle j'ai consacré la plus grande partie de ma vie entre la clinique et la recherche ne m'a pas convaincu du contraire. Le programme génétique inscrit dans le noyau de nos cellules ne m'a jamais paru devoir conditionner l'accomplissement de nos vies. Je ne crois pas du tout qu'elles se déroulent conformément à une destinée écrite dans notre biologie. J'ai toujours revendiqué cette liberté essentielle de choisir ma vie et ses défis. Et me voilà aujourd'hui engagé dans l'action humanitaire. Serait-ce la marque d'un destin qui insiste ?

J'écris ces lignes dans l'avion qui me conduit au Niger, où je vais rejoindre les équipes de la Croix-Rouge française, engagée dans la lutte contre la faim qui sévit. J'ai choisi la médecine pour être médecin dans les pays en voie de développement, et particulièrement en Afrique, où j'ai vécu une partie de mon enfance. J'ai d'ailleurs travaillé au Sénégal, sur la malnutrition aiguë du nourrisson africain, et je garde de cette période un souvenir aussi riche que douloureux. Puis la voie des concours m'a conduit vers d'autres horizons, ceux de l'hôpital et de la faculté, des laboratoires de recherche, des congrès internationaux et de la science triomphante. L'engagement dans l'action publique fut une autre expérience au service de la médecine, de la santé publique et singulièrement de l'éthique. Rébellion, assurément, contre ce qui pourrait apparaître comme une revanche du destin me ramenant au fil de l'histoire telle qu'elle aurait dû être.

Mais surtout, sourire. Sourire intérieur que j'ai de la peine à cacher car j'aime cette histoire-là. Sourire à l'idée de creuser cette nouvelle partie d'un sillon au service de la médecine et des malades ; sourire à l'idée de cette nouvelle bataille aux côtés de ceux qui souffrent de maladies et d'injustice. Sous une autre forme, le combat est le même. C'est bien celui que j'ai toujours voulu.

Sourire encore, comme il est naturel lorsqu'on est accueilli dans une nouvelle famille. La grande famille que j'ai rejointe est accrochée à des principes universels et animée par ses valeurs d'humanité dans lesquelles je retrouve si bien mon attachement à l'éthique. Impressionnant vivier de femmes et d'hommes engagés au service des moins nantis, des plus fragiles, des exclus, des damnés de la terre. Longtemps enfermé dans le tintamarre des revendications permanentes, des présentations tendancieuses, du prisme déformant de notre société, j'avais été tenté – tenté seulement – de désespérer de notre humanité. J'ai soudain devant moi la preuve vivante que la jeunesse peut être idéaliste, volontaire, disponible, en quête de sens. J'ai aussi la démonstration que les moins jeunes ne prennent pas leur retraite comme une mise à l'écart ou comme le moment de se replier sur eux-mêmes, mais comme le temps de servir. Tous les bénévoles de la Croix-Rouge choisissent des contraintes parfois plus exigeantes encore que celles qu'ils ont ou qu'ils avaient du mal à supporter ! En France et dans 182 autres pays de la planète, tous membres de ce mouvement international, le langage du cœur s'exprime de la même façon.

C'est un monde fondé sur la générosité que je découvre de l'intérieur. Un monde qui tient son indépendance des dons qu'il reçoit, un monde qui voudrait pouvoir faire davantage, qui voudrait que les bonnes volontés se bousculent en plus grand nombre, en France et à l'étranger, et que chacun soit encore un peu plus généreux. Un monde qui se bat en milieu difficile.

On peut comprendre bien des questions, bien des impatiences, mais on est blessé par des attaques indignes, par des critiques infondées, par des insinuations malveillantes. Aucune organisation n'est parfaite et des dérapages peuvent toujours survenir ici ou là. Ce ne sont que des exceptions à dénoncer et à punir sévèrement, mais sans jeter le discrédit sur toutes les équipes des volontaires de l'humanitaire. Il faut aussi expliquer aux donateurs, à tous ceux qui se sont aussi engagés et ont fait confiance aux associations humanitaires, comment les actions se déroulent. Le malentendu, ou pire, l'incompréhension, serait un terrible poison qui pourrait tuer ce magnifique élan de solidarité des uns envers les autres.

Alors il faut expliquer. Expliquer pourquoi les opérations sont si longues en Asie, expliquer toutes les difficultés rencontrées, expliquer comment les acteurs sur le terrain rongent aussi leur frein et prennent sur eux pour ne pas tout abandonner.

Il n'est d'action humanitaire que durable

La courte, dense et intense expérience de ces premiers mois suivant le tsunami m'a conforté dans une conviction, une forme d'évidence que j'ai nommée « humanitaire durable ». L'expression peut surprendre, mais je n'en ai pas trouvé d'autres. D'emblée, c'est naturellement le concept omniprésent de « développement durable [1] » qui m'est apparu pour qualifier à la fois le temps nécessaire et la finalité des programmes en cours de lancement dans les pays sinistrés. Trop globale, s'adressant aux États et aux populations, combinant développement économique et préoccupations écologiques, l'idée de développement durable ne révélait pas dans toute sa force combien, pour les acteurs de la solidarité, l'humain se pose comme une fin en soi. C'est chaque personne, chaque visage qui compte. L'humanitaire durable, donc. De quoi s'agit-il ?

Le concept répond à la volonté de ne pas – de ne plus – réduire l'humanitaire à la seule mission d'urgence. Bien sûr, l'impératif de sauver toute vie menacée est à l'origine du développement des organisations humanitaires. Il servit notamment de matrice à la naissance des organisations qui sont historiquement engagées dans ce champ d'action. Pour autant, l'humanitaire ne saurait s'exprimer dans toute sa plénitude s'il reste circonscrit à l'instant court, borné dans le seul périmètre de l'urgence. L'action humanitaire repose sur une référence essentielle à la vie, mais elle ne prend sa réelle dimension que dans une perspective plus large, qui consiste à donner à chaque vie menacée toutes les chances de se perpétuer. En disant cela, on

1. Traduit de l'anglais *sustainable*, qui revêt la double signification de « inscrit dans la durée » et « viable en termes de respect des grands équilibres environnementaux ».

ne fait rien d'autre que de revenir à la définition originelle de l'humanitaire [1].

Après l'urgence vient donc l'idée d'une action humanitaire durable. Durable non par sa permanence – il ne s'agit pas de s'installer et de faire perdurer des dispositifs d'assistance dont chacun connaît les limites – mais dans ses effets, par la libération qu'elle apporte. Ce n'est d'ailleurs pas une nouveauté. Les programmes de lutte contre le sida, les programmes d'éducation pour la santé, d'hygiène et d'assainissement, d'alphabétisation, d'accompagnement social, de formation, parmi bien d'autres actions, font partie intégrante de cette action humanitaire aux effets durables.

Bâtisseurs de vie

Cette mission essentielle, notre honneur d'humanitaire est de l'accomplir par nos forces propres, mais aussi en complémentarité, voire en alliance, avec d'autres acteurs prêts à en partager la responsabilité. À cet égard, le rôle des États n'est pas le moindre. Il ne s'agit pas de faire *à la place* de l'État, mais *avec* lui, sans le diaboliser, ni inversement tout en attendre. Notre champ de compétence, la promotion de l'humain, doit s'inscrire en articulation intelligente, adaptable et souple avec les missions assignées aux pouvoirs publics,

1. Reprenant une formule de 1833, Le Robert définit ainsi l'humanitaire « *Qui vise au bien de l'humanité* ».

au premier rang desquelles la gestion des infrastructures et des enjeux collectifs. Tout en préservant jalousement notre indépendance et en exerçant notre vigilance, il nous faut sortir, dans les rapports entre humanitaire et État, des vaines querelles, des fausses oppositions, des suspicions *a priori* qui amoindrissent les réalités plus qu'elles n'aident à les réenchanter.

En 1959, lors d'une conférence de presse, Charles de Gaulle lançait un appel visionnaire : « En notre temps, la seule querelle qui vaille est celle de l'homme. C'est l'homme qu'il s'agit de sauver, de faire vivre, de développer. » Il définissait ainsi l'axe dans lequel se joue en actes l'éthique d'une action humanitaire qui n'a de sens que durable.

Le tsunami du 26 décembre 2004 marque un nouveau tournant dans l'histoire de l'humanitaire. Parce que le monde change, que les menaces, multiformes, pèsent sur les consciences, que les technologies relient désormais les habitants de la communauté internationale, que les chemins de l'avenir se font plus incertains, il appartient aux acteurs humanitaires de montrer une voie, d'encourager de nouvelles coopérations, durables et sans frontières.

*
* *

Pendant ce temps, sur le terrain, nos équipes travaillent, de l'Indonésie aux Maldives, du Niger aux

États-Unis, partout en France... Je pense à elles, à leurs heures de sommeil écourtées, à leurs doutes, à la force impérieuse qui conduit chaque volontaire à aller au bout du programme visant à restaurer la production d'eau, à reconstruire des maisons, des écoles et des hôpitaux, réunir des familles, nourrir, épauler, soigner, écouter, orienter les femmes et les hommes meurtris par l'adversité. Leur engagement est notre bien le plus précieux et notre raison d'espérer. Il illustre et donne à partager cet optimisme incurable des bâtisseurs de vie.

Partie I

LE TSUNAMI : UN SÉISME UNIVERSEL

Images du tsunami

Premier jour

L'avion se pose sur la piste de Banda Aceh. Le ciel est bas, lourd de gros nuages de mousson. Une averse de pluie serrée vient de cesser. Ce petit aéroport de province, tout au nord de Sumatra, encombré de toutes sortes d'avions jusqu'aux plus gros porteurs qu'il ne sait où loger, est soudain devenu le centre du monde. Quelques petits hélicoptères sont regroupés à côté de la piste.

À l'extérieur, des dizaines de tentes de campagne alignées abritent les équipes débarquées du monde entier. Chacun écarte difficilement l'émotion qui l'étreint pour trouver le geste juste, se rendre efficace. L'action est salvatrice quand la gorge se noue.

Un peu plus loin, au centre d'un vaste pré, le ballet des gros hélicoptères de l'armée américaine se déroule. À peine l'appareil posé, la portière s'ouvre, deux hommes jaillissent et deux chaînes humaines s'organisent pour remplir la carlingue de sacs et matériels de première nécessité. Quelques minutes après, plein jusqu'à la gueule, le voilà qui s'élève et file vers l'horizon, aussitôt remplacé par un autre.

Deuxième jour

Découverte de Banda Aceh, ville martyrisée. Le soir tombe. L'impression d'un bombardement, comme à Hiroshima peut-être. Pas une maison n'est debout dans cette zone. Je descends pour faire quelques pas. Le sol est jonché de débris, la boue colle aux chaussures. Le silence est oppressant. Il semble n'y avoir personne. Seule, ici ou là, une lampe vacillante révèle une silhouette courbée vers la terre, fouillant du regard ou avec un bâton à la recherche d'une trace du passé. C'est la vie qui insiste. Une odeur cadavérique me saisit ; je la connais trop bien depuis la catastrophe de Malpasset en décembre 1959. La rupture du barrage avait fait des centaines de mort à Fréjus et je faisais partie des secours. Je tourne la tête et je les aperçois, huit cadavres dans leur sac plastique noir, allongés sur le sol entre deux tas de gravats et de ferrailles. Pourquoi les a-t-on laissés là ? Tout près, un bateau d'au moins douze mètres a été déposé au milieu de la rue, témoin de la puissance de la vague.

Troisième jour

9 h 30, le matin. Sortie de notre entretien avec le gouverneur. Impressions mitigées. D'un côté, remerciements souriants pour notre aide et notre engagement, de l'autre, rien de précis sur l'organisation qui piétine. Qui fait quoi ? Où ? Avec qui ? « On vous dira plus tard, dès que... » Dès que quoi ? Sur son visage, je devine derrière sa courtoisie policée une peine immense, qui perce dans son regard. Il a du mal à dissimuler son extrême lassitude. Peut-être a-t-il lui-même perdu des proches ou des amis, peut-être que son équipe est décimée et n'est plus là pour l'aider.

Dehors, il y a des attroupements silencieux le long du mur et nous apercevons des centaines d'affichettes placardées. C'est le plus souvent une photographie donnant le nom et la description d'un disparu recherché par sa famille. Beaucoup de visages d'enfants souriants, photographies d'un temps heureux. On ne les reverra probablement jamais. L'ampleur du drame est là, soudain plus palpable encore.

Quatrième jour

Après Sigli, sur la côte nord-est de Sumatra au sud de Banda Aceh, nous rejoignons le camp de personnes déplacées dont nous avons la charge pour la production d'eau potable. Ironie du temps, il pleut à verse. Des tentes sont dressées dans un entrecroisement invraisemblable de cordes et de piquets. Deux de nos réservoirs sont montés, le troisième est en cours. Notre équipe de volontaires nous attend. Difficile de dire qu'elle nous fait fête, mais ils sont heureux de nous voir là. Ils nous présentent leur installation, le coin laboratoire avec le registre des relevés réguliers. Chacun explique son rôle. L'eau est pompée dans la rivière grâce à un groupe électrogène, elle est filtrée, traitée et finalement stockée dans un réservoir. À l'extérieur j'aperçois quelques enfants qui remplissent des seaux aux robinets installés en batterie.

La pluie a formé un ruisseau qui dévale au milieu du camp. Sous un parapluie rose, deux femmes se serrent l'une contre l'autre en tirant par la main une petite fille qui prend plaisir à patauger. Elles se pressent vers une tente.

Sur une butte, quelques bancs ont été placés à l'abri d'une bâche. Ils incitent à se retrouver pour parler ou simplement partager le silence. Une jeune femme en rouge nous regarde ; son foulard noir souligne un visage souriant qui irradie.

Sous la tente de l'infirmerie, je rends visite au médecin, un jeune militaire indonésien en treillis. Nous échangeons quelques mots. Il a beaucoup de travail mais rien de très alarmant ; des fièvres, des diarrhées. Je regarde le stock de médicaments, il me semble que l'essentiel est là.

Je me faufile dans la tente voisine. Plusieurs familles y sont regroupées. Il faut se frayer un chemin entre le linge suspendu à des cordes mais qui ne séchera pas. Je m'assieds au milieu du groupe ; j'ai envie de parler. Je dis quelques mots en anglais que le médecin indonésien traduit. Leurs visages s'éclairent. Un monsieur avec une barbichette grise a un calot sur la tête ; sous son voile coloré une jeune femme au visage poupin est attentive, des fossettes ponctuent son sourire. Je joins les mains pour saluer. Ils applaudissent comme des enfants qui attendent tout sans savoir ce que sera demain. Tout ce qu'ils possèdent est là, serré dans quelques baluchons. La détresse du monde est avec eux, cachée derrière un sourire de dignité. L'air est difficile à respirer, la pluie ruisselle, j'ai envie de sortir très vite. Au fond de la tente j'aperçois quelques silhouettes, prostrées.

Six semaines plus tard

Meulaboh est un champ de ruines. L'eau a déferlé partout. À perte de vue, sur le sol, des rectangles de béton disposés régulièrement rappellent où se dressaient les maisons. Nous cheminons le long de la plage en échafaudant les hypothèses de reconstruction possibles. La plupart des pêcheurs ont accepté de rejoindre des camps organisés en attendant une solution définitive. Ils sont cependant quelques-uns à ne pas vouloir s'éloigner. Ils s'accrochent à la seule trace de ce qui leur appartient encore.

« Ma maison était là ! », dit cet homme en indiquant le sol d'un index vindicatif. À dix mètres du rivage, sur une dalle entourée de pans de murs écroulés, quelques planches maladroitement clouées font un abri de fortune couvert de tôle ondulée. Sur le pas de la porte, une femme est accroupie entre deux enfants. L'homme est assis, le regard perdu, lorsque nous nous approchons. Pense-t-il que sa famille et lui sont des miraculés ? Sa barque est là, à quelques mètres, tirée sur le rivage. Ses filets blancs sèchent, tendus entre des piquets. Mais demain ? Une rafale forte et tout sera par terre. Quand retrouvera-t-il une maison, une vraie ? Où ses enfants iront-ils à l'école ? Et à qui vendra-t-il son poisson ? Il pense à tout cela et à leur vie, demain. L'urgence humanitaire est passée. Mais après, peut-on ne pas l'aider à retrouver une vraie vie, comme avant ?

1.

La mécanique du secours en situation d'exception

L'urgence vécue de l'intérieur

Il n'aura fallu que quelques heures, ce 26 décembre, pour que soit activé le centre opérationnel d'urgence de la Croix-Rouge française. Très vite, dans la journée, une cellule de crise est mise en place, associant des cadres nationaux du secourisme, des opérations et relations internationales, des ressources humaines, des achats, de la communication. Les informations arrivent en temps réel, émanant notamment du ministère des Affaires étrangères, témoignant d'heure en heure de l'ampleur ahurissante du désastre.

Dans l'après-midi, une demande préfectorale sollicite la participation de l'association pour la couverture sanitaire et la prise en charge d'un dispositif d'accueil dans les aéroports parisiens, en vue des premiers rapatriements de touristes français en provenance des zones sinistrées. Un appel est lancé dans le réseau secouriste. Nous sommes dimanche. Dans la nuit du 26 au 27 décembre, une première équipe prend position à l'aéroport de Roissy-Charles-de-Gaulle où atterrissent les premières victimes de la catastrophe.

Beaucoup ont certainement oublié cette mission, assurée avec dévouement par de jeunes équipiers bénévoles originaires d'une vingtaine de départements, mais elle permit d'entourer des enfants et des adultes choqués, traumatisés ; de leur proposer une écoute, un réconfort, un soutien, un accompagnement... Lors de ma première rencontre avec l'une de ces équipes d'accueil, une jeune secouriste m'a confié : « Les survivants se sont faits à l'idée qu'ils ne retrouveront jamais les corps. J'ai écouté leur récit, en me mettant totalement à leur disposition. Vous savez, il faut être particulièrement solide psychologiquement pour soutenir des gens frappés d'une telle détresse. »

Comme pour la Côte d'Ivoire un mois auparavant, ce dispositif était « fluidifié » par la présence d'équipes de la Croix-Rouge dans les aéroports de départ (Sri Lanka, Maldives, Thaïlande). Grâce à cette action aux deux bouts de la chaîne du rapatriement, l'association était en mesure d'assurer un véritable suivi des victimes françaises, en particulier des plus vulnérables.

L'urgence imposait en outre une réponse immédiate sur les sites mêmes de la catastrophe. En quelques heures, tous les opérateurs humanitaires, les gouvernements, les agences internationales compétentes, en Europe et sur les autres continents, déclenchaient leurs procédures d'intervention rapide. Un véritable fourmillement, cartes de la région à l'appui, électrisait les sièges nationaux des grands opérateurs de la solidarité internationale pour réunir les moyens logistiques, trouver les possibilités de transférer du matériel, mobiliser les volontaires afin de porter secours à des victimes déjà chiffrées à plusieurs dizaines de milliers. Et cela sous la pression croissante d'une opinion qui, après la stupeur devant le déferlement en boucle des premières images, voit dans l'humanitaire la réponse absolument nécessaire pour conjurer l'impensable. Et nous ne saurions lui donner tort.

Au sein de la Croix-Rouge, nos premiers volontaires s'envolent le jour même pour le Sri Lanka, afin d'intégrer un groupe dépêché sur le terrain par la Fédération internationale de la Croix-Rouge et du Croissant-Rouge. Ils sont chargés d'évaluer les dégâts, d'identifier les contraintes et de préparer le terrain aux équipes d'urgence. Leur action permet de rationaliser l'envoi de dispositifs lourds et de faciliter leur déploiement en répondant en quelques heures au mieux, en quelques jours au pire, à ces questions cruciales : quels sont les besoins les plus pressants ? Quel sera le périmètre pertinent de l'intervention ? Cette phase est capitale. Le lendemain, la première équipe de réponse aux urgences humanitaires (ERU), spécialisée dans la santé, rallie Colombo. En Indonésie, après que le gouvernement s'est résolu à lancer un appel à la solidarité internationale, une autre ERU atterrit à Medan, sur l'île de Sumatra.

Sans doute est-il difficile d'imaginer rétrospectivement et avec la distance le désordre extraordinaire qui régnait dans ces deux pays, dont les zones les plus gravement touchées abritaient depuis des décennies des conflits armés (zone tamoule au Sri Lanka et zone d'Aceh en Indonésie). Au Sri Lanka, plus de 400 organisations non gouvernementales (ONG) et autres intervenants se sont massés sur les territoires ravagés, aux infrastructures disloquées et aux aéroports engorgés. À l'équation logistique, infiniment difficile à résoudre, s'ajoutaient la désorganisation compréhensible des autorités locales, elles-mêmes déstructurées par la mort et dépassées par les événements, et une population abasourdie par le choc. En Indonésie, l'afflux massif de secours émanant d'ONG, mais aussi de forces armées étrangères, notamment américaines et françaises, a également déstabilisé la région d'Aceh, qui constituait auparavant une « zone grise » quasi inaccessible, bouclée par les militaires. Dans ces conditions, l'acheminement des produits de première nécessité, les déplacements, les télécommunications, l'évaluation des besoins, l'installation des camps de base, la coordination avec les pouvoirs locaux et entre acteurs humanitaires, tous les maillons de la chaîne de secours deviennent particulièrement complexes à articuler. Intervenir en urgence après une catastrophe de cette nature, c'est d'abord apprivoiser le chaos pour matérialiser une réponse structurée et adaptée aux besoins des plus vulnérables.

Comme d'autres, nos équipes pourtant aguerries en ont fait l'éprouvante expérience, comme l'expliquait une volontaire : « À Colombo, le nombre d'humanitaires est impressionnant. On dirait une ruche très agitée qui cherche à se discipliner. Il nous a fallu une journée de route pour joindre Pottuvil, de l'autre côté de l'île. On nous a rappelé les consignes de sécurité pour la traversée du secteur tamoul, comme l'interdiction de rouler après la tombée du jour. Nous avons été sidérés par ce que nous avons découvert sur place... Les installations de pêche, les petites maisons en dur..., tout a été balayé. Une sorte de chaos s'est emparée de la ville. Les rares survivants semblent perdus, l'œil hagard, en état de choc. Nous dormons peu, ou plutôt mal. Il faudra du temps pour ramasser et identifier les cadavres... »

L'urgence humanitaire a ceci de singulier qu'elle se doit d'être dotée d'une organisation optimale, précisément parce qu'elle agit en terre d'imprévus, d'arbitrages nécessaires, de choix difficiles, parfois de renoncements, selon le degré de complexité de son théâtre d'intervention. Après le tsunami, ce degré de complexité a atteint des sommets.

Que faut-il retenir ?

D'abord que l'action d'urgence n'a pas véritablement été une opération de sauvetage à l'échelle continentale. Et pour cause ! Une macabre réalité s'est imposée rapidement à tous les médecins et observateurs : le tsunami a beaucoup tué et très peu blessé. Après quelques semaines, force était de constater que les dégâts humains et matériels du tsunami étaient colossaux, mais que le nombre de blessés graves était relativement faible par rapport au nombre de morts.

Bien sûr, il y avait des blessés. Mais ce qu'ont pu constater les médecins qui ont rapidement installé des blocs sanitaires d'urgence, c'est que l'une des premières fonctions de ces blocs était surtout de permettre à la parole de se libérer. Dans les longues files d'attente, les rescapés ont beaucoup parlé. Entre eux d'abord, soulageant ainsi une partie de leur terrible détresse. Ensuite, le contact avec les médecins et les infirmiers a eu aussi cette vertu de thérapie psychologique.

L'urgence était aussi, devant l'ampleur du drame et au regard de l'extrême précarité des survivants, d'enrayer le risque de drames en chaîne qu'auraient pu entraîner les conséquences désastreuses du tsunami sur la santé publique. Souvent oubliées, les aides fournies en médicaments et en eau potable ont permis de gérer une situation qui aurait pu largement dégénérer. De même, on a parlé du risque de choléra ou d'autres maladies infectieuses. Ce risque épidémique était réel, non du fait des cadavres mais à cause des conditions de vie, de l'insalubrité et de la pollution de l'eau.

Par ailleurs, il faut bien reconnaître qu'il y eut une « bousculade entre humanitaires » dans ces régions sinistrées, où afflua tout ce que la planète compte d'agents humanitaires réels ou autoproclamés. Et lorsque l'on vit personnellement, intimement, cette mécanique du secours, il arrive que l'on enrage devant les lenteurs et les lourdeurs que produit cette intrication. On s'emploie inlassablement à lever les obstacles logistiques, administratifs..., favoriser les coordinations pour accélérer et amplifier l'accès aux victimes. Pour autant, chaque opérateur de l'urgence avait intégré ce paramètre, savait ce type de bousculade inévitable compte tenu d'une situation marquée par des circuits de communication rompus et des modes de fonctionnement bouleversés, voire anéantis. Prétendre six mois après que telle ou telle action aurait pu être menée autrement est encore l'une des facilités de jugement auxquelles les humanitaires ont dû faire face dans de nombreuses circonstances. Mais ceux qui ont pu stigmatiser une bousculade ou encore une certaine improvisation (comment, pour partie, ne pas improviser face au chaos ?) auraient sans doute été les mêmes à crier au scandale si les organisations humanitaires n'avaient pas été si nombreuses à se mobiliser et à agir sur le terrain dans les premiers jours et si, précisément, elles ne s'étaient pas « bousculées »...

Plus fondamentalement, c'est l'organisation d'un dispositif global d'urgence en cas de désastre majeur qui mérite d'être ici questionnée. Au moment où j'écris ces lignes, deux catastrophes sont survenues depuis le tsunami. Aux États-Unis d'abord, en août 2005, après le passage d'un ouragan pourtant programmé : journaux et observateurs ont dénoncé d'une même voix l'imprévoyance et l'impéritie des secours, tandis que les images envahissaient les écrans, montrant des milliers d'Américains livrés à eux-mêmes, otages des eaux, qui comprennent avec peine comment leur destin a pu à ce point basculer. Une situation stupéfiante et franchement inconcevable pour la première puissance mondiale. Au Pakistan ensuite, après le séisme d'octobre 2005 : la communauté humanitaire s'est concentrée au pied des montagnes sans avoir les moyens d'une intervention dans les zones enclavées... Ces expériences douloureuses témoignent, après le tsunami, combien manque une intelligence globale dans l'appréhension de la réponse d'urgence. Au moment où l'humanitaire s'universalise lors de grandes tragédies, les enseignements de ce passé proche militent pour la création d'une force logistique d'intervention rapide, pilotée par les Nations unies. Certes, elle ne prémunirait pas de l'empressement de la communauté internationale, ni n'exonérerait les acteurs de l'urgence d'une organisation irréprochable et d'un devoir d'efficacité. Sa raison d'être serait surtout de combler un vide stratégique en mobilisant des avions, des hélicoptères, des moyens de transport et du carburant que les acteurs humanitaires ne possèdent pas. En cela, elle créerait les conditions d'une meilleure coordination logistique, dont on a vu l'importance en situation chaotique. Faut-il attendre que la fréquence inquiétante d'épisodes catastrophiques majeurs et les élans d'émotions qu'ils suscitent combinent leurs effets pour faire enfin émerger rapidement ce type de dispositif ?

2.

Retour sur une onde de choc planétaire

Saisir le désastre du 26 décembre dans ce qu'il a d'inédit nous impose de quitter provisoirement le terrain physique de la catastrophe pour aborder la dimension culturelle qu'il révèle dans nos sociétés.

La mort en direct

Le choc d'abord, aussi brutal qu'inattendu. D'un seul coup, l'inimaginable est venu assaillir les côtes et envahir les écrans. Le phénomène du tsunami, très peu connu en Occident, a d'un seul coup frappé la conscience planétaire. D'une rare violence, le séisme sous-marin a soulevé l'océan, provoqué une déferlante qui a submergé les rivages à une échelle continentale, balayant l'équivalent de plusieurs départements français. 217 000 morts en quelques heures. Des centaines de milliers de personnes, hommes, femmes, enfants, vieillards, qui ont tout perdu : la vie, leurs proches, ou la plus simple expression de la civilisation, un habitat. Un choc pour les pays de l'océan Indien, un état de choc pour le reste du monde. Notamment en Occident : dans le calme douillet, festif et pensif des lendemains de Noël, les citoyens d'Europe et d'Amérique ont été les spectateurs atterrés de l'horreur.

Que venait-il donc de se passer de si particulier ? Le tsunami, pour cataclysmique qu'il fût en vies humaines et en dégâts matériels, a été précédé de désastres au moins aussi meurtriers par le passé. De même que le monde a connu des guerres terribles, des génocides bien plus meurtriers encore, y compris dans les récentes années et encore actuellement : plusieurs centaines de milliers de morts au Soudan, dans la région violemment déstabilisée du Darfour ; près d'un million de victimes en quelques semaines dans le Rwanda déchiré par une folie génocidaire en 1994...

Mais là, pour la première fois dans l'histoire du monde, la mort a été subitement visible à l'échelle de la planète, portée par l'image comme jamais. La particularité ne résidait pas seulement dans le terrible séisme lui-même, son impact géophysique sur l'écorce terrestre et les flots marins. Elle résultait d'une conjonction de facteurs propres à frapper les esprits. La mort en images, d'abord : ces corps transportés tragiquement par les flots ou rejetés sur les rivages dévastés, ces dizaines de milliers de victimes anonymes, ces centaines de milliers de rescapés, hagards, sans abri.

Mais peut-être plus que la mort elle-même, c'est son imminence filmée qui a littéralement fasciné, dans cette vision de la vague qui approchait et allait tout submerger, dans ces images incroyables, prises par camescope ou téléphone portable depuis les plages, les terrasses d'hôtel ou d'une colline. La particularité a résidé dans cette combinaison inédite entre la démocratisation des technologies de l'information, la capacité des témoins à devenir vecteurs d'images immédiatement disponibles, la violence latente du phénomène et son dénouement tragique.

Comme ce fut le cas près de trois ans plus tôt lors des attentats du World Trade Center aux États-Unis, cet événement a été véhiculé et vécu par des images qui n'étaient pas des images habituelles de journaux télévisés. En effet, la plupart des « images chocs » diffusées n'ont pas été réalisées par des professionnels, par des journalistes témoins de la scène et médiateurs habituels des événements, extraordinaires ou quotidiens. Elles ont été prises par des amateurs, souvent des touristes en vacances, parfois des victimes ou des proches de victimes, qui ont filmé à la fois la menace de mort qui approchait et la mort elle-même.

La mort et la menace de la mort, incarnées, numérisées, faisaient irruption dans des centaines de millions de foyers bouleversés par la scène. Pour la première fois, une catastrophe devenait ainsi, par propagation instantanée, planétaire, universelle. Même si l'instantané a ensuite duré des semaines, comme si le monde devait prendre le temps pour réaliser ce qui lui était arrivé.

Miroir culturel du tsunami

Nombre d'observateurs ont également souligné un autre phénomène qui a accentué l'impact explosif du cataclysme dans les perceptions : la présence de touristes occidentaux. Nul doute que beaucoup pouvaient s'imaginer sur ces plages paradisiaques subitement transformées en champ de ruines. Nul doute que les rescapés français témoignant d'un profond traumatisme dès leur arrivée à Roissy ont joué le rôle de médiateurs dans nos consciences. Pour ainsi dire, c'est leur propre disparition que les téléspectateurs ont pu visualiser, fantasmer, l'espace de quelques secondes. Soit par transposition de leur propre vie sur les plages d'Asie, soit par transposition de la scène sur leurs rivages voisins, atlantique ou méditerranéen quand il s'agissait de téléspectateurs français : « Cela aurait pu nous arriver là-bas ; et si cela nous arrivait ici ? »

Le monde prenait ainsi conscience de sa fragilité. Une vulnérabilité oubliée. Une mortalité occultée. Les progrès de la civilisation et des techniques ont évidemment montré leurs limites dans toutes les guerres et dans toutes les catastrophes. Mais cette fois, un séisme sous-marin a silencieusement démontré sa force gigantesque à la planète. Images subliminales d'une apocalypse redoutée depuis la nuit des temps et dans toutes les civilisations du monde. Relent d'une peur millénariste. Le tsunami touchait un point universel des ressorts de l'humanité : la crainte d'une fin apocalyptique du monde.

Six mois après l'événement, selon une étude de l'institut Wei commandée par la Fondation de France, les Français continuaient d'évoquer le tsunami comme une confrontation à l'inhumain, un phénomène rendant manifeste la précarité de la condition humaine : « On se rend compte que nous ne sommes pas grand-chose, que l'on peut être emporté comme un fétu de paille » ; « Ce qui est fou, c'est de voir ces gens heureux, insouciants, puis en quelques secondes tout bascule dans la mort et l'horreur. » C'est pour cette raison, indique le sociologue Alain Mercier, que le tsunami demeure inscrit sur une échelle événementielle où figurent Hiroshima et le 11 septembre 2001.

À événement exceptionnel, réaction exceptionnelle. La tragédie du 26 décembre a soulevé une contre-vague émotionnelle d'une ampleur inouïe. De la tragédie à l'émotion, la grande chaîne humaine pouvait boucler sa boucle, repartir de la générosité individuelle vers la détresse collective, par un phénomène pulsionnel et magnifique à la fois.

Pulsionnel parce qu'il traduit un socle émotionnel puissant voire prédominant dans nos sociétés ; magnifique en ce que la solidarité constitue le recours naturel et spontané pour conjurer un drame. Ce qui fut assurément une merveilleuse nouvelle dans des sociétés réputées volontiers frileuses, en proie à une montée de l'indifférence et des replis égoïstes.

De l'intérieur, nous avons ressenti cette pulsion altruiste et généralisée avec une saisissante intensité. Dès le 26 décembre, la cellule téléphonique du centre opérationnel d'urgence a été prise d'assaut. Le site Internet de l'association a littéralement explosé. Les appels ont inondé le standard, pour faire un don, aider, s'informer, comprendre, voire simplement pour parler : « Organisez-vous une collecte ? », « Puis-je donner des vêtements, de la nourriture, un colis ? », « Peut-on partir aider ces pauvres gens sur le terrain ? »... Les questions, les paroles, se sont libérées à flots continus, comme pour apprivoiser l'impensable et témoigner d'une volonté impérieuse d'aider. Pour les bénévoles, partout en France, ces journées resteront gravées dans les mémoires comme une incroyable période d'emballement de la générosité. Pendant près d'un mois, week-ends inclus, les associations humanitaires de référence ont accueilli toute la compassion qui s'est emparée du pays. Une communion s'est créée autour de cette catastrophe pour donner, sans délai, une réponse humanitaire à la hauteur du cataclysme. Certes, d'aucuns ont pu souligner le caractère frénétique de cette mobilisation, entrecoupée d'effets d'annonces et d'inexactitudes, comme celles qui ont porté sur l'existence de milliers d'orphelins ou sur le risque majeur d'épidémies dues aux cadavres. Pour autant, l'atmosphère révélait un flux d'émotions positives et une formidable énergie altruiste.

Le rôle des médias a bien sûr été déterminant dans ce processus de type cathartique, relayant la puissance sensationnelle des images (souvent présentées sous forme de « documents inédits ») qui abondaient dans les rédactions. À la manière de prêtres modernes, ils ont orchestré l'élan de générosité. Non seulement ils furent fournisseurs d'émotion, mais certains d'entre eux se sont également posés en acteurs directs de l'engagement humanitaire, lançant eux-mêmes des souscriptions, des partenariats, des parrainages. Ils ont incarné un rôle de prescripteurs comme jamais auparavant. Médias et ONG épousaient une même cause, jusqu'à se confondre.

Cette hypertrophie de la fonction médiatique eut naturellement des effets très bénéfiques. Les organisations humanitaires eurent la chance exceptionnelle de pouvoir s'appuyer sur des leviers de solidarité irremplaçables que furent les spots diffusés gratuitement par les grandes chaînes de télévision et de radio, et bien d'autres supports, si nombreux qu'il est impossible de les citer tous. L'action humanitaire bénéficia aussi d'appels aux dons lancés par plusieurs journaux, nationaux et régionaux, auprès de leurs lecteurs.

Cette mobilisation médiatique a fonctionné comme un inimaginable amplificateur d'une générosité dont les associations humanitaires ont été les récepteurs.

L'ensemble de la société s'y est mise d'un seul élan : particuliers, ONG, entreprises, fédérations associatives, pouvoirs publics... Près d'un Français sur deux aurait donné pour les victimes du tsunami. Du jamais vu. Au sein de la Croix-Rouge, dont l'action dépend de la générosité du public, la structure de collecte de fonds n'était pas préparée à un tel flot de solidarité, avec ce que cela suppose de logistique nécessaire : assurer une permanence, coller les affiches, déposer des urnes, expliquer et communiquer sur le sens et les modalités de l'engagement de l'association auprès des conseils municipaux, dans les entreprises, les organismes sportifs et culturels, les clubs philanthropiques ; envoyer lettres de remerciement et reçus fiscaux, donner des informations aux donateurs, organiser cérémonies de remise de chèque...

Après chaque catastrophe, nous pouvons lancer un appel aux dons si les sommes nécessaires sont importantes. Les dons reçus viennent alors alimenter un compte dédié spécifique. Les donateurs s'engagent pour une cause, leur argent sera consacré à cette cause. Dans le cas particulier du tsunami, en quelques semaines plus d'un million de donateurs, 11 000 entreprises et de nombreuses collectivités locales ont fait le choix de la Croix-Rouge : plus de 100 millions d'euros recueillis sur le compte dédié « séisme Asie », soit un record absolu dans l'histoire de l'association. En une semaine, elle a reçu presque autant que ce qu'elle collecte chaque année par voie de mailing.

Cette somme considérable représente 5 fois plus que celle, déjà historique, recueillie lors de la grande « opération Kosovo » en 1999, près de 50 fois plus qu'après les séismes en Iran et en Algérie (2003) ; elle constitue plus du double des fonds privés que l'association parvient à réunir chaque année... Aux lendemains du tsunami, elle a obtenu près d'un tiers du total des dons versés aux associations humanitaires, ce qui lui confère une responsabilité toute particulière.

Début septembre 2005, des dons continuaient à lui parvenir, démontrant, neuf mois après la catastrophe, la myriade d'initiatives lancées au cours du premier semestre en solidarité aux survivants. Toutefois, si nous avons beaucoup d'argent pour continuer d'agir en Asie, force est de dire que nous ne sommes pas plus riches qu'avant pour nos actions au quotidien et nos autres interventions d'urgence. C'est ainsi que pour agir contre la faim sévissant au Niger, les sommes nécessaires ont été difficiles à réunir. De même au Pakistan, où le lien entre un drame majeur et une mobilisation médiatique proportionnée ne s'est pas établi. Or, sans générosité, l'humanitaire ne peut intervenir et se déployer. Comme il n'est pas de notre politique de réaffecter dans la précipitation des sommes promises aux victimes du tsunami – alors que les programmes sont loin d'être achevés –, nous n'avons pas les moyens nécessaires pour être durablement efficaces. Le temps de l'humanitaire ne coïncide pas avec le temps des médias.

Aux élans de générosité se sont ajoutés des élans d'ingéniosité. Pour preuve, le timbre nommé Marianne, lancé par La Poste – partenaire de l'association depuis quatre-vingt-dix ans – et exclusivement dédié aux victimes du tsunami. De même l'opération « un SMS pour l'Asie » : menée à l'initiative de Radio France Multimédia, elle a réuni les trois grands opérateurs de téléphonie mobile. Toute personne composant le 80 222 puis tapant le mot « Asie » faisait bénéficier la Croix-Rouge d'un euro. Deux autres associations, le Secours catholique et le Secours populaire, étaient également incluses dans cette opération avec un numéro dédié. Simple, rapide, peu coûteux, ce principe a permis à des millions de personnes de faire un geste qu'elles n'auraient sans doute pas toutes fait par courrier, procédé moins rapide et plus contraignant. De nombreuses personnes ayant peu de moyens et beaucoup de jeunes ont ainsi voulu s'inscrire, à leur mesure, dans la chaîne de solidarité. Autre initiative novatrice, l'opération « Télécommande », lancée par TPS, proposait à ses abonnés de donner à la Croix-Rouge au moyen de leur télécommande. Un principe original et interactif qui s'est révélé gagnant.

Des sportifs, des artistes, des personnalités médiatiques ont aussi agi comme des moteurs dans la mobilisation ; les collectivités territoriales ont également multiplié leurs interventions. Et je voudrais particulièrement saluer la démarche exemplaire des Restos du Cœur. Ne disposant pas d'un réseau international mais partageant l'action de proximité de la Croix-Rouge en France auprès des plus démunis, les héritiers de Coluche ont prolongé dans un pur esprit de coopération cette fraternité d'engagement par l'organisation d'un concert des Enfoirés dont les bénéfices ont été affectés à nos opérations de terrain en Asie.

Enfin, la mobilisation a révélé avec une ampleur inégalée la force d'Internet à la fois comme média (ce n'était pas nouveau), mais aussi comme moyen d'exprimer sa générosité, notamment en ce qui concerne les jeunes adultes. Près de 13 millions d'euros ont ainsi transité par le module de dons en ligne du site Internet de la Croix-Rouge française, soit près de 100 fois plus que lors des catastrophes précédentes, en France ou à l'étranger.

La France a été traversée après le 26 décembre 2004 par une onde de choc inédite, impressionnante. Cette insurrection altruiste a gagné simultanément tous les continents, et la France ne se situe pas dans le trio de tête des nations les plus généreuses. À cet égard, la Croix-Rouge française arrive au cinquième rang, assez loin derrière ses homologues américaine, canadienne (le Canada, pour mémoire, compte deux fois moins d'habitants que la France...), allemande et britannique.

La Fédération internationale de la Croix-Rouge et du Croissant-Rouge, qui regroupe 181 sociétés nationales (une par pays), rassemble plus de 90 millions de volontaires. Elle forme avec le Comité international de la Croix-Rouge (CICR) le plus grand réseau humanitaire mondial et enregistre des montants records. Plus de 80 sociétés nationales ont recueilli des dons spontanés pour un montant cumulé qui avoisine les 2 milliards d'euros !

L'émotion mondialisée a convoqué l'humanitaire au chevet des victimes : associations mais aussi États et forces armées, organisations intergouvernementales. Des sommes phénoménales ont été annoncées dès les premiers jours sous la pression des opinions publiques, démontrant que ces dernières constituent bel et bien des acteurs avec lesquels il faut désormais compter dans les relations internationales. Cette profusion d'argent offre assurément une perspective prometteuse de la force des opinions publiques internationales, comme de celle des individus, lorsque la solidarité est en jeu pour des causes mondialement médiatisées. Elle porte aussi en elle la question des limites raisonnables compte tenu des besoins réels. Une question qui fut très vite posée.

Quelles limites à la générosité ?

Début janvier 2005, moins de trois semaines après la catastrophe, Médecins sans frontières (MSF) suspendait son appel aux dons et prévoyait déjà des réaffectations d'une part des sommes reçues vers d'autres causes jugées plus prioritaires. À contre-courant de la vague de générosité, cette décision unilatérale a engendré une certaine confusion auprès des donateurs et malmené d'autres associations qui n'en partageaient pas la raison.

L'annonce était sérieuse. MSF s'est imposé depuis trente ans comme un opérateur humanitaire de référence, dont l'efficacité et l'expertise ne sont plus à démontrer. Aussi, cette décision, largement reprise dans la presse, prit un tour polémique prévisible.

La vérité, c'est que MSF avait raison pour ce qui relève de l'urgence, qui constitue son cœur de métier. Nous l'avons signalé, le tsunami a provoqué beaucoup plus de morts que de blessés, si bien que, très vite, les humanitaires sont entrés dans la phase de post-urgence, domaine dans lequel nombre d'associations sont impliquées de longue date, MSF incluse. Au regard des sommes en jeu, l'urgence et la post-urgence absorbent en effet des volumes relativement limités, ce qui pourrait accréditer la thèse défendue par MSF.

En revanche, cette association considère que la reconstruction ne relève pas de l'humanitaire mais de la responsabilité des États. C'est sur ce point que nous divergeons. Sans nier, bien sûr, les compétences différentes des États et des organisations humanitaires, notre position est différente. Nous considérons que lorsque la générosité fait se tendre des mains pour donner, il ne faut pas les repousser mais les saisir. C'est la seule façon qu'ont certains de se sentir impliqués dans un malheur qui les touche. On ne refuse jamais une bonne volonté sans prendre le risque de la décourager et la conduire au repliement déçu. En contrepartie, accepter la générosité oblige au regard de celui qui donne. Il faut donner un sens à cette relation en rendant intelligibles nos choix et nos engagements. Or, je considère justement que la reconstruction des personnes passe aussi par la reconstruction de leur environnement nécessaire pour reprendre pied dans la vie. Je suis convaincu que tout cela entre pleinement dans le champ de l'humanitaire. Mieux, l'action humanitaire prend tout son sens dans la recherche d'effets durables à son intervention.

Controverse n'est pas polémique et, finalement, les démarches de MSF et de la Croix-Rouge s'illustrent moins par leur opposition qu'elles ne suggèrent une complémentarité évidente sur le terrain. La voix de MSF fut cependant entendue, et elle influença certainement l'âpreté de certaines remises en cause lorsque vint, six mois plus tard, le moment de rendre des comptes.

*

* *

Avec la distance, je garde en moi le sentiment que la mobilisation pour les victimes du tsunami a été formidable, exemplaire même, contrairement à ce qui a pu être dit rétrospectivement, dans la facilité et le confort des récits reconstruits *a posteriori*. Pour autant, je n'ignore pas le danger que comporte le ressort émotionnel d'un tel élan, en décalage avec les réalités plus prosaïques du terrain. Aussi est-il indispensable d'expliquer clairement en quoi la démarche humanitaire obéit à une autre temporalité que celle de l'émotion immédiate. Malgré les courants contraires, les sarcasmes éventuels, les cynismes d'usage et les réticences, je suis convaincu que l'exercice en vaut la chandelle.

3.

Le temps des suspicions

L'impératif de responsabilité

Une fois l'urgence passée, et pour sortir au plus vite les victimes d'une réponse provisoire de post-urgence, le choix d'organisations telles que la nôtre a été de se projeter sur le moyen ou le long terme et de s'engager dans la reconstruction, en liaison avec son réseau de sociétés sœurs et le Mouvement international de la Croix-Rouge et du Croissant-Rouge. Pour des chantiers de cette envergure, comprenant des milliers de maisons et concernant des dizaines de milliers de personnes, l'esprit de solidarité ne doit pas contredire l'esprit de responsabilité. En particulier en ce qui concerne les règles, juridiques et financières, à respecter avec rigueur.

Bien sûr, à de toutes petites échelles, des exploits de constructions ultrarapides (mais parfois précaires) ont pu être accomplis. Mais l'idée de construire des baraques en trois semaines, avec quelques planches et une poignée de clous, est un mythe qu'il faut déconstruire intellectuellement, les aléas climatiques se chargeant de le faire matériellement. L'exemple de l'île de la Grenade est significatif à cet égard. Les rafistolages rapides des toits n'ont pas suffi et il a fallu tout reprendre après que l'ouragan Ivan de septembre 2004 eut à nouveau tout mis par terre. Nous nous sommes impliqués dans un vaste programme de couvertures (toits) sécurisées qui a depuis fait la preuve de son efficacité. Mais il a fallu du temps pour mener à bien le chantier de 900 maisons et former des apprentis locaux qui poursuivront bientôt seuls le travail entrepris. Ailleurs encore, les exemples abondent de délabrements prématurés de maisons à peine achevées. Soyons sérieux ! Il était faux de dire et moralement dangereux de faire croire que près de 1 million de sans-abri retrouveraient un avenir d'un coup de baguette magique et, en quelques semaines, des conditions de vie et d'habitat solides matériellement et garanties juridiquement.

Prétendre, comme cela a été fait dans certaines émissions de télévision, que les constructions devaient être achevées et les budgets totalement dépensés en quelques mois relève de la méconnaissance du déroulé contraint des agendas humanitaires en zone sinistrée.

Poses accusatoires et raccourcis faciles

Le basculement dans un certain climat de suspicion ne s'est pas fait attendre. Il s'est produit singulièrement à l'occasion des six mois après le tsunami. Le débordement est venu par petits flots. À l'occasion d'une émission de grand spectacle comme « Tout le monde en parle », l'accusation publique enflammée a ainsi pénétré la scène médiatique à coups d'exclamations, d'indignations censées représenter le bon sens populaire : « Mais qu'avez-vous donc fait de notre argent ? » Il est vrai qu'en juin, les 7 millions d'euros déjà dépensés au titre de l'urgence et de la post-urgence pouvaient sembler faibles en comparaison du montant perçu. Il s'agit pourtant d'une somme exceptionnelle qui excède de loin ce qui avait pu être dépensé, dans un même laps de temps, lors de catastrophes précédentes.

À entendre les interjections accusatrices, il aurait fallu tout dépenser sans délai, en quelques semaines ; déverser d'un seul coup l'ensemble des fonds réunis grâce à l'élan exceptionnel des donateurs. Comme si la fin justifiait tous les moyens, sans égard pour les principes élémentaires d'efficacité et d'honnêteté. Lors de la même émission, un invité a même affirmé qu'il suffisait de distribuer l'argent à des chômeurs français qui, sur le terrain, se chargeraient de le transférer aux victimes... L'outrance fait assurément recette. Comme si l'action humanitaire consistait à distribuer en masse des sacs de billets en France, destinés à être redistribués en Asie... L'impératif de contrôler l'effectivité des dépenses – et cela passe bien sûr par des procédures strictes et particulières –, ajouté à l'exigence de veiller à leur opportunité, impose évidemment à toute organisation humanitaire de ne pas faire n'importe quoi sous prétexte de vouloir agir vite. L'expérience enseigne que dans ce domaine, toute précipitation est souvent périlleuse, et expose à d'autres critiques, formulées généralement par les mêmes procureurs.

Autre reproche récurrent, celui qui a consisté à faire croire que seules les toutes petites associations étaient véritablement performantes sur le terrain, à l'inverse de grandes organisations humanitaires qui auraient été empêtrées dans des problèmes autres que l'accès aux rescapés. Le raccourci est facile. L'axiome du « small is beautiful » a ses inconditionnels. Bien sûr, de petites équipes bénévoles ont pu accomplir un merveilleux travail sur place, des prouesses parfois auprès des victimes. Est-ce suffisant pour en déduire que les grandes organisations, elles, n'ont pas fait leur devoir, alors que tout a été mis en œuvre pour mobiliser les forces et les compétences, et animer un dispositif sans précédent sur le terrain ?

Des villages isolés, sans présence d'ONG, ont parfois été présentés à l'image, sans préciser que le tsunami a dévasté des milliers de kilomètres de côtes, rendant naturellement impossible une présence humanitaire en tous lieux. Des reportages ont pu laisser une nauséeuse impression d'abandon des rescapés et de leurs familles. Certes ce n'est pas acceptable, et nous devons tout faire pour y remédier malgré la difficulté à couvrir toutes les zones d'accès. Mais mesure-t-on l'iniquité d'un reportage qui consiste à jeter l'opprobre sur les acteurs humanitaires au spectacle de leurs manquements, sans égard pour les efforts considérables déployés ailleurs, dans un contexte où la solidarité est une conquête de tous les jours ?

La plupart des observateurs, attentifs et scrupuleux, connaissent d'ailleurs ces réalités. Ils comprennent ces contraintes et, tout en usant du droit légitime à demander des comptes et à refuser le registre de la complaisance, ne s'amusent généralement pas à fabriquer des polémiques artificielles à des fins d'Audimat. Certains se sont néanmoins employés, sans déplaisir apparent, à entretenir le doute dans les esprits de ceux qui avaient généreusement donné. Deux tendances se sont alors conjuguées, à ce moment-là. Une tendance, désormais classique, hélas, a consisté à se défaire de toute exigence pour systématiser des postures accusatoires aux antipodes de l'examen attentif et honnête des réalités et de l'effort d'une approche pédagogique. Discrédit très facile à jeter, très difficile à corriger, y compris quand personne n'a vraiment rien à se reprocher.

La suspicion a peut-être aussi traduit le contrecoup d'un emballement initial de nombreux médias. Après avoir relayé l'événement avec constance, tenu en haleine le public et accompagné parfois activement et avec flamme l'engagement humanitaire, certains ont pu exiger avec une véhémence inhabituelle que l'action humanitaire sur le terrain soit l'exact reflet de la pulsion émotionnelle qui a nourri la mobilisation.

L'humanitaire présumé coupable ? Le procédé est bien connu. Il continue pourtant régulièrement à faire des dégâts, y compris quand le sujet – la mort de dizaines de milliers de personnes, le sort de dizaines de milliers de rescapés – ne s'y prête vraiment pas, et devrait inciter au contraire à la sobriété du discours et à la rigueur de l'analyse. D'autant que, sur le terrain, les allégations selon lesquelles l'argent ne parvient pas aux victimes, et les associations sont embourbées dans une lenteur coupable, n'ont pas manqué de heurter des volontaires qui s'échinent jour après jour à conduire leur mission.

Je reste songeur devant la capacité qu'ont certains faiseurs d'opinion, au nom des valeurs de la démocratie, à distiller à échéances régulières des attaques sourdes et injustes. Les organisations humanitaires sont désormais des cibles faciles, notamment depuis l'affaire de l'ARC [1], par ailleurs devenue exemplaire. On les somme de rendre des comptes sur le mode accusatoire, hors de toute enquête fouillée sur le terrain et de tout audit des pratiques justifiant cette acrimonie.

---

1. Association de Recherche sur le Cancer, qui a été l'objet de détournement de fonds dans les années 1990.

Un exemple parmi d'autres, le placement en Sicav de l'argent des donateurs qui a été la cible d'accusations virulentes. Sous entendu : les associations s'aménagent subrepticement un confortable matelas avec l'argent du tsunami. Bien sûr, l'accusation fait mouche. Loin d'être éludée, cette question était pourtant traitée clairement dans un document publié en juin sur Internet, sous l'égide d'un organisme de contrôle indépendant (le Comité de la charte), expliquant que ces placements sécurisés à 2 % seraient intégralement affectés à l'action de terrain, intérêts inclus. Ils ont pour seul objectif de protéger l'argent des donateurs de la dévaluation au fil du temps et s'apparentent à une gestion responsable. De fait, il est plus facile de se draper dans l'indignation sur le thème « l'argent que se font les banques » ; il est bien plus facile de remuer les bas instincts sur des finances présentées comme forcément obscures.

À trop traquer le vice, ne révèle-t-on pas une inclination parfois obsessionnelle ?

L'exigence de transparence

En mai 2005, les organisations humanitaires avaient dépensé entre 5 et 15 % des budgets qui leur avaient été alloués par les donateurs. Scandales ? Détournements ? « Rien de choquant à cela, écrit Thomas Hofnung[1], observateur averti : après avoir

1. *Libération* du 6 avril 2005.

paré au plus pressé au cours de la phase d'urgence, les caritatifs doivent tenir compte des hésitations des gouvernements locaux. Exemple fourni par ACF (Action contre la faim) : au Sri Lanka, les autorités n'ont toujours pas tranché la question de l'abri (en dur ou temporaire ?) à fournir aux déplacés. »

Nous avons le devoir de maintenir ferme le cap de la rigueur et de l'efficacité financière. La santé et la crédibilité de l'engagement associatif sont en jeu. Et la force des associations est un indice de vitalité sociale. Elles ont un rôle majeur à jouer et les Français, qui sont près de 10 millions à s'y engager, ne s'y trompent pas.

Le devoir de rendre des comptes propres, de présenter des dépenses traçables, d'adopter des procédures sécurisées d'affectation des dons relève en effet de la responsabilité élémentaire des associations humanitaires. Une responsabilité qui est d'ailleurs l'objet de contrôles très précis et rigoureux : outre les mécanismes internes que les grandes organisations ont pu instituer, les opérateurs du secteur humanitaire sont assujettis à des contrôles externes obligatoires comme ceux menés par les commissaires aux comptes ou la Cour des comptes, ou volontaires comme c'est le cas avec le Comité de la charte, organisme qui contrôle le respect des principes de gestion financière et de transparence des associations qui en sont membres. Chacun comprendra désormais qu'il nous est absolument impossible d'utiliser l'argent du tsunami, ou tout don spécifiquement affecté, comme bon nous semble. Et il est certain, aujourd'hui, que les associations préfèrent de loin des contrôles plus stricts – à condition qu'ils ne soient pas paralysants – à la suspicion permanente qui risque de les entraver dès qu'elles sont amenées à intervenir.

4.

Patience, persévérance et vérités du terrain

Après une catastrophe comme le tsunami, aucun acteur humanitaire ne peut échapper à une certaine pression qui constitue la contrepartie physique des élans généreux des semaines qui ont suivi l'événement. Il nous appartient de démontrer des résultats tangibles, répondant à des besoins pressants ou plus durables. Il nous appartient aussi d'expliquer et de construire une intelligence collective des réalités. Cette pédagogie est indispensable à l'action de solidarité sur des territoires étrangers, peuplés d'enfants, de femmes et d'hommes traumatisés, dans un contexte d'incertitudes et de tâtonnements qui peuvent paralyser le plus haut niveau de l'État.

Exemple au Sri Lanka. Aussitôt après le passage du tsunami, le gouvernement a décidé qu'il ne fallait plus construire à moins de 200 mètres des côtes maritimes (la « buffer zone »). Cette décision a conduit les familles de rescapés, tous les responsables locaux et toutes les associations humanitaires à s'engager dans la recherche de terrains constructibles au-delà des premiers 200 mètres, suscitant naturellement une série de complications : les pêcheurs ont du mal à quitter le rivage ! Quelques mois plus tard, la rumeur se répand selon laquelle cette zone pourrait être ramenée à 100, puis à 25 mètres[1] ! Point positif : cette mesure permettrait de libérer des espaces disponibles pour les reconstructions et lutter contre la spéculation foncière. Point négatif : si la décision était confirmée, elle imposerait de revoir tous les plans et les programmes d'action, ce qui retarderait à nouveau de quelques mois le schéma global de reconstruction. Les pêcheurs reviendraient alors évidemment à côté de leurs bateaux et tout le travail de persuasion accompli serait réduit à néant.

Autre exemple d'imprévu, raconté par le journaliste Olivier Bonnin[2]. Dans la région de Banda Aceh, littéralement rasée, il est devenu impossible de savoir où reconstruire : le cadastre a disparu dans la catastrophe ! Et Paul Dillon, porte-parole de l'Organisation internationale des migrations (OMI[3]), qui finance plusieurs programmes immobiliers en Indonésie, évoque

1. Selon une information du 18 octobre 2005, transmise par notre chef de mission au Sri Lanka.

2. Dans le magazine *Interdépendances*, n° 58, printemps 2005.

3. Rebaptisée depuis Agence Nationale pour l'Accueil des Étrangers et des Migrations.

une multitude de problèmes juridiques à surmonter : « Retrouver par exemple les ayants droit des terrains appartenant à des victimes et les convaincre de les céder aux survivants en les dédommageant. C'est un processus long mais indispensable si on ne veut pas créer davantage de problèmes qu'on n'en résoudra[1]. »

De plus, la présence de guérillas dans certaines des régions sinistrées d'Indonésie n'a pas facilité le travail des associations dans les premiers mois. Le Parlement de Jakarta n'a d'ailleurs levé qu'en mai 2005 l'état d'urgence instauré dans la région d'Aceh en 2004... Depuis, un accord de paix a été signé (en août 2005) témoignant d'une pacification en cours de cette zone longtemps instable.

« Les associations doivent donc se faire patientes, prudentes, rigoureuses, observe le journaliste Olivier Bonnin, même si, ajoute-t-il, elles ont à gérer une pression inédite. L'œil des médias n'a pas quitté les rescapés du tsunami et la lenteur des reconstructions peut *a priori* choquer les donateurs. » Le directeur général de l'association Care France, Philippe Lévêque, confirme : « Nous n'avons jamais eu autant de dons, autant de médiatisation. Du coup, nous ressentons une pression inhabituelle. » Au Secours catholique, le directeur de l'action internationale, Daniel Verger, indique aussi : « Nous savons par sondage que les donateurs veulent des résultats rapides. Dans les

1. *Le Figaro*, 25 juin 2005.

délégations (locales) du Secours catholique, quand nous rendons compte de nos actions et que nous expliquons qu'elles ne sont pas si simples, les donateurs nous comprennent, avec une grande maturité. »

En l'occurrence, pour ce qui concerne les budgets très importants destinés à la reconstruction, il est impossible et irresponsable de dépenser précipitamment. Impossible, car les dépenses de reconstruction (plusieurs dizaines de millions d'euros) nécessitent au préalable de réunir toutes les conditions qui garantissent l'efficacité et la pérennité des chantiers. Il importe d'identifier les terrains, d'obtenir les signatures officielles (ce qui est souvent un parcours long et émaillé de surprises), de s'assurer des droits de propriété (lorsqu'ils n'ont pas été perdus ou emportés par les vagues comme ce fut le cas dans certaines zones, notamment dans le nord de Sumatra), de s'intégrer dans une démarche conforme en tous points avec la législation du pays, de repérer localement les entreprises (des architectes aux artisans du bâtiment) qui elles-mêmes ne peuvent engager des travaux que si toutes les autorisations sont fournies... Il fallait établir par exemple des plans d'architecture, des études des sols et de l'environnement immédiat de la zone constructible. À partir de là, des premières tranches de travaux pouvaient être décidées, ouvertes, et les dépenses correspondantes engagées.

Construire par exemple 1 000 maisons permettant d'abriter durablement 5 000 à 10 000 personnes est un chantier qui nécessite évidemment du temps, du professionnalisme, de la patience. Le processus est complexe, lent, difficile à imaginer pour les observateurs extérieurs et pour la population locale, qui ne comprend pas toujours le décalage entre les promesses des premiers jours et les longueurs de la reconstruction. Aussi est-il indispensable de rester à leurs côtés, les associer, œuvrer en concertation étroite à chaque étape de programmes qui dureront des mois, voire des années. Telles sont pourtant les conditions à respecter, ne serait-ce que pour éviter la construction de villages fantômes, aussi vite construits que désertés par leurs habitants parce que les nouvelles habitations ne correspondaient ni à leurs attentes, ni à leur mode de vie.

5.

Perspectives durables dans l'Asie post-tsunami

Depuis le 26 décembre

Après la phase d'urgence, la Croix-Rouge française a dépêché sur le terrain plus d'une centaine de volontaires, logisticiens, médecins, infirmiers, ingénieurs, hydrauliciens, architectes..., tous extrêmement motivés. Ses programmes de soins et d'approvisionnement ont bénéficié à plus de 60 000 victimes. Dix mois plus tard, sur les 108 millions recueillis, 7,7 sont déjà dépensés et 85 engagés dans le cadre de contrats signés avec les autorités locales ou programmés en attente de signature. L'effort est considérable et couvre un spectre d'action très large incluant relance économique, reconstruction de maisons, d'hôpitaux, d'écoles, formation de personnels locaux, programmes de prévention et de préparation aux catastrophes, soutien psychosocial.

Les programmes envisagés et les projets de conventions conçus sur place sont souvent évolutifs, car ils sont à préciser, voire à rectifier. L'association s'appuie également sur des partenaires français ou locaux, pour lesquels elle joue un rôle de bailleur, mettant ainsi à profit leurs savoir-faire complémentaires ou leurs accès privilégiés à certaines communautés. Le souci principal est de s'adapter à chaque situation et se démultiplier pour être le plus efficace possible, le plus rapidement possible. Fin août, plus d'une trentaine de délégués, épaulés par plus d'une centaine de volontaires locaux, étaient répartis au Sri Lanka, en Indonésie, aux Maldives, en Thaïlande et en Inde.

Nous l'avons dit, le chemin sera long, et les inconnues ne sont pas toutes levées. Notre engagement dans le moyen terme et la reconstruction n'en est pas moins réfléchi et résolu, en complémentarité (et surtout pas en substitution) avec les autorités locales qui, même ébranlées et déstabilisées par la catastrophe, ont la responsabilité de piloter le redémarrage économique, de rendre cohérent le processus de reconstruction et d'en définir les règles. Pour nous, l'objectif n'est pas d'accélérer inutilement le cycle des dépenses pour plier bagage au plus vite. Il repose au contraire sur un accompagnement patient de ceux qui sont dans le deuil et le désarroi. Il consiste à rester aux côtés de ces familles meurtries aussi longtemps qu'il sera nécessaire, pour donner de l'épaisseur à la solidarité née du

26 décembre, et inscrire durablement notre action dans les zones où nous sommes impliqués.

Leçon de vie

Le surgissement humanitaire consécutif au tsunami est à comprendre et à analyser avec la plus grande humilité. Les drames humains causés ont été immenses. La douleur ne pourra jamais véritablement être soignée pour ceux qui ont vu disparaître, parfois sous leurs yeux, leurs enfants, leurs parents ou grands-parents, même si la générosité de millions de Français a permis de secourir, d'entourer, d'accompagner les victimes. Dans ce terrible contexte de tragédie, ces êtres humains dépossédés de tout ont aussi transmis de formidables leçons. Des leçons de vie pour tous ceux qui ont pu les rencontrer, qui sont venus les aider, leur donner quelque chose. Et qui ont reçu d'eux une espérance, une foi en l'homme, une foi en sa capacité à surmonter l'insurmontable.

Les victimes esseulées, hommes et femmes pourtant accablés par la détresse, ont rapidement relevé la tête. Avec une force et une détermination qui ne peuvent inspirer que la plus grande admiration. Alors que, par dizaines de milliers, les morts n'étaient pas encore enterrés, au Sri Lanka, en Indonésie ou ailleurs, des survivants, le regard droit, ont démontré que dans les pires situations l'humanité est tout à la fois grande, forte et généreuse. De nombreux rescapés ont naturellement secouru d'autres rescapés.

La solidarité a été portée et canalisée par les associations humanitaires. Mais ces dernières n'en ont pas eu le monopole. Parce que la solidarité n'a de force que dans un élan partagé, une volonté commune d'épauler les plus fragiles d'entre nous. C'est aussi grâce au concours de chacun, personnes sinistrées et voisins, par leur relais et leur participation collective, que l'espoir renaît vraiment, que les situations s'améliorent sensiblement et que l'action humanitaire porte en germe des effets durables.

Cette leçon de vie ne doit pas être oubliée. Elle doit être au contraire méditée et transmise. Elle est au cœur de l'action humanitaire que chacun, à un moment de sa vie, peut être amené à déployer, simplement, modestement, concrètement. Dans une situation d'urgence en cas de nécessité, ou dans une perspective d'action durable, de proximité par exemple, dans son quartier ou dans sa ville. En cela, le choc du tsunami est une leçon pour tous. Il nous oblige à lutter pour longtemps contre l'indifférence. Loin de nous, tout près de nous.

Partie II

PASSION DU SECOURS ET ÉTHIQUE DE L'URGENCE

L'humanitaire est devenu une référence dans l'esprit du public, qui l'assimile souvent à la seule action d'urgence. Plus encore, à l'urgence médicale. La passion de l'humanitaire se résumerait à la passion du secours, de sauver des vies, là-bas et maintenant. Cette vision a ses défenseurs opiniâtres, comme nous l'avons vu après le tsunami. Médecins sans frontières avait alors réaffirmé le primat de l'urgence (et dans une moindre mesure de la post-urgence) dans l'action humanitaire moderne, reléguant le champ de la reconstruction dans la sphère des pouvoirs publics. Je le sais, cette délimitation a ses partisans. Mieux, elle s'est imposée, du moins en France, comme une forme d'évidence.

Cela n'a pas toujours été ainsi. L'humanitaire, il y a deux siècles, désignait les idéalistes et les penseurs qui visaient « le bien de l'humanité ». Comment est-on passé du « bien de l'humanité » à l'urgence ? Par quel étrange itinéraire en est-on arrivé à une acception réductrice de l'humanitaire, en comparaison de sa définition première ? Que nous dit-elle du monde dans lequel nous vivons ? Donne-t-elle une vision cohérente et satisfaisante du concept, au regard des situations rencontrées et des défis à relever ?

Il nous faut revenir à l'histoire de l'humanitaire pour comprendre comment l'humanitaire d'urgence s'est peu à peu imposé pour incarner l'humanitaire tout court, sans trop de résistance au demeurant. Il nous faut revenir en arrière, plonger dans une histoire longue de plus d'un siècle, et redécouvrir cette figure inaugurale que fut Henry Dunant.

6.

Henry Dunant, le feu sacré du visionnaire

En 1895, un jeune journaliste autrichien, Georg Baumberger, se rend à l'hospice d'une petite bourgade suisse du nom de Heiden. Il a l'intention d'y rencontrer l'un des pensionnaires. Il le découvre bientôt, vivant en reclus, portant une barbe blanche qui lui donne l'allure d'un vieillard. Il a 66 ans et sa main droite, atteinte d'eczéma, lui inflige des douleurs telles qu'il ne peut plus écrire. Son nom ? Henry Dunant, fondateur de la Croix-Rouge. Baumberger n'en est pas revenu lorsqu'il a appris qu'il était toujours vivant. Vivant, mais dans un piteux état. Par quel revers de fortune ce personnage qui a connu la plupart des têtes couronnées d'Europe a-t-il pu en arriver là ? Son « œuvre », la Croix-Rouge, est pourtant déjà relayée dans 37 pays, et elle est intervenue dans 38 conflits armés, sauvant des centaines de milliers de blessés au nom de la devise que lui, Henry Dunant, a imaginée le premier : « Inter arma caritas » (« la charité entre les armes »). Comment celui que chacun considère aujourd'hui comme le pionnier de l'humanitaire moderne a-t-il pu être à ce point oublié[1] ?

Le champ de bataille de Solferino

Henry Dunant est né en 1828 à Genève, la patrie de Rousseau et de Calvin. Façonné par la culture protestante, qui considère l'oisiveté comme un péché, et habité d'une foi ardente, il se sent précocement attiré par les projets ambitieux. Dès 1849, il anime un groupe de jeunes chrétiens et participe à la création en 1855 de l'Alliance des unions chrétiennes de jeunes gens, mouvement international et œcuménique connu sous le sigle anglo-saxon de YMCA. Très vite pourtant, il prend ses distances avec ce mouvement et décide de se lancer dans les affaires. Passionné par l'Algérie, terre offerte à l'esprit d'initiative et à l'aventure selon lui, il entreprend de créer un domaine agricole où, se promet-il, l'ouvrier algérien sera heureux et bien payé. Son ambition est de faire de l'Algérie le « grenier de la France ». Grâce à ses amis, il réussit à réunir le capital nécessaire mais les terres manquent. Excédé par

1. Pour ce récit de la vie du créateur de la Croix-Rouge, notre source d'inspiration est le merveilleux opuscule biographique écrit en 1974 par Pierre Boissier : *Henry Dunant*, Institut Henry-Dunant, Genève.

les lourdeurs de l'administration française, il décide d'en appeler directement à l'empereur Napoléon III. C'est dans ce dessein qu'il rallie la Lombardie, où se prépare la confrontation décisive entre les Autrichiens de François-Joseph et les armées franco-sardes, qui combattent pour l'unité italienne. Henry Dunant ne sait pas encore que son destin va basculer.

Le 24 juin 1859, non loin de Solferino, éclate la bataille la plus sanglante que l'Europe ait connue depuis Waterloo. Après le choc des armes, 40 000 victimes, morts ou blessés, jonchent le sol. À la nuit tombante, Dunant pénètre dans une ville voisine, Castiglione, où sont entassés les blessés tordus de douleur, avec moins de 1 médecin pour 1 000 patients... C'est le choc. Dès lors, Dunant oublie la raison de sa venue et, bien que dépourvu de toute compétence médicale, se dépense sans compter pour nettoyer les plaies, apporter aux soldats un ultime réconfort. Dans le même élan, il mobilise des femmes des environs pour amplifier les secours, sans distinction de nationalité, répétant à l'envi « Tutti fratelli ! » (« Tous frères »).

Sur le plan des affaires, le voyage de Dunant est un échec ; l'entrevue avec Napoléon III n'aura pas lieu. Mais l'insatisfaction se dissipe vite, tant il est hanté et comme fasciné par les scènes vues et vécues à Solferino. C'est pour exorciser ses visions obsédantes qu'il écrit et édite à ses frais deux ans plus tard *Souvenirs de Solferino*. Dans ce témoignage apparaît avec force le contraste entre le souffle héroïque de la guerre et le désastre humain qu'elle déchaîne : « Ici, c'est une lutte corps à corps, horrible, effroyable : Autrichiens et Alliés se foulent aux pieds, s'entretuent sur des cadavres sanglants, (...) se brisent le crâne, s'éventrent au sabre ou à la baïonnette, il n'y a plus de quartier, c'est une boucherie, (...) les blessés même se défendent jusqu'à la dernière extrémité, celui qui n'a plus d'armes saisit à la gorge son adversaire qu'il déchire avec ses dents. Plus loin, l'artillerie se fraie un passage à travers les cadavres (...) : alors les cervelles jaillissent, les membres sont brisés et broyés, les corps rendus méconnaissables, la terre s'abreuve de sang et la plaine est jonchée de débris humains. »

Dunant pousse plus qu'un cri perçant d'indignation et appelle à la création de sociétés de secours aux blessés animées par des volontaires dévoués et bien qualifiés. Et de lancer : « Quel État ne voudrait accorder sa protection à ceux qui cherchent ainsi à conserver la vie de citoyens utiles à leur pays ? » Peut-être a-t-il en tête le souvenir glorieux de ces médecins de la Grande Armée, Larrey, Percy, Desgenettes..., véritables pionniers de la médecine humanitaire qui soignèrent et secoururent sans distinction les blessés lors des campagnes napoléoniennes. Quoi qu'il en soit, après des siècles de conflits sanglants, les esprits sont mûrs. Dunant sera entendu.

Naissance de la Croix-Rouge

Son livre est un succès. Parmi les innombrables lettres de soutien qu'il reçoit, celle d'un certain Gustave Moynier, avocat philanthrope, attire son attention. Ce dernier est en effet décidé à traduire dans les faits les idées de Dunant. Avec trois autres personnalités genevoises – le général Dufour et les docteurs Louis Appia et Théodore Maunoir –, ils fondent en 1863 ce qui deviendra plus tard le Comité international de la Croix-Rouge. Dunant, qui en est le premier secrétaire, dévoile une autre idée novatrice : doter chaque volontaire du sceau de la neutralité grâce à un signe distinctif qui sera le même pour tous. Bien qu'accueillie fraîchement, son intuition l'emporte. Ce sera la croix rouge sur fond blanc. Non par référence chrétienne (la croix est aussi présente dans d'autres cultures, et était répandue avant l'ère chrétienne, chez les hindous, les bouddhistes ou les Chinois par exemple) mais par inversion des couleurs du drapeau de la Confédération helvétique.

Débute alors une intense opération de relations publiques, qui conduit Dunant à faire le tour des cours d'Europe, témoignant d'un acharnement à convaincre qui va rapidement porter ses fruits. Comme si ses idées, simples et pénétrantes, s'imposaient d'elles-mêmes.

Neutralité, impartialité : les deux piliers de la Croix-Rouge sont ainsi définis à partir d'un double constat. Le premier est que, la plupart du temps, les blessés se rejoignent dans une même détresse qui épuise leurs forces de combativité pour les renverser. Rares sont les combattants qui, amputés et meurtris, continuent à se battre les uns contre les autres... La blessure crée une abdication intérieure, d'ordre pacifique.

Deuxième constat : y compris pour les armées elles-mêmes, il est préférable qu'une organisation neutre et indépendante se charge des blessés de guerre, du soin à prodiguer aux victimes et du sort à leur réserver. Jusqu'alors, chaque camp soignait « ses » blessés, cette fonction pouvant d'ailleurs être délaissée par des forces armées accaparées par l'action militaire et la poursuite des combats. Dunant, par idéal et moins marqué que d'autres par le prisme nationaliste de son époque, impose une autre vision, à la fois utopique et avant-gardiste : le monde des victimes est un monde d'égaux, et pour avoir été frappés par les armes, ces hommes se sont sortis du combat, sont « hors de combat ». Ils sont neutralisés, soumis aux règles d'une organisation neutre qui peut mettre en œuvre l'entraide dans les meilleures conditions. Une organisation préservée de toute tentation d'instrumentalisation militaire ou de toute implication partisane dans un conflit. Une organisation de secours dans un contexte de guerre. Telle sera la Croix-Rouge.

Des limites posées à la guerre

Le 26 octobre 1863 se tient à Genève une conférence internationale qui réunit pendant trois jours les représentants de 14 gouvernements. Elle entérine pour la première fois la présence sur un champ de bataille d'infirmiers volontaires dont la neutralité est garantie par « un brassard blanc avec une croix rouge ». Le 29 octobre 1863 marque la naissance officielle de la Croix-Rouge. La traduction diplomatique de cette conquête ne tarde pas : en août 1864, seize diplomates plénipotentiaires adoptent la Convention de Genève pour l'amélioration du sort des militaires blessés dans les armées en campagne. C'est le début du droit humanitaire qui, sans être un fer de lance du pacifisme, vise à humaniser la guerre. Ce précédent s'élargira au fil des décennies par de nouveaux textes : conventions (en 1929, puis les fameuses Conventions de Genève en 1949) et protocoles additionnels (en 1977, couvrant notamment les civils lors de conflits non internationaux).

Sans doute est-il difficile de mesurer combien ce processus marque une étape essentielle. Défi lancé à la folie des hommes, le droit humanitaire sanctifie l'acceptation des États à prévoir le réparable dans un contexte où l'irréparable est pourtant commis. Certes, la guerre a toujours eu ses règles, coutumières ou même écrites. Plus ou moins appliquées, bien sûr, en ce qui concerne les blessés. Désormais, des règles de comportement (respect des non-combattants, impartialité dans les soins aux blessés et aux malades, condamnation des traitements inhumains et dégradants...) doivent s'appliquer à tous, sans condition de réciprocité ni limitation dans le temps et dans l'espace.

C'est ainsi qu'elles régissent la protection des prisonniers dont l'humanité doit être respectée. Et pour certaines d'entre elles, ces règles s'imposent dorénavant dans les conflits internes, considérés jusqu'alors comme ne relevant que de la seule souveraineté nationale. En 1863, le droit humanitaire pose donc ses premiers jalons, qui ne cesseront de s'étendre progressivement. Tout en reconnaissant la violence des hommes, au risque parfois de donner le sentiment de la légitimer, il permet de protéger les victimes de cette violence, de les entourer d'une attention particulière, source de progrès pour l'humanité entière.

Ces principes connaissent un succès foudroyant. La première société de secours voit le jour en 1863 au Wurtemberg. La future Croix-Rouge française est créée en 1864 par Henry Dunant lui-même. Le mouvement se propage très vite en Europe puis à travers le monde.

Les vertiges d'une étoile

Dunant devient une véritable célébrité. Son nom se répand dans toutes les capitales à mesure qu'il s'y déplace pour diffuser ses idées. D'autant que la guerre austro-prussienne a administré la preuve de tout l'intérêt humain et civique de ces volontaires secouristes sur les champs de bataille.

Mais comme souvent, le destin est railleur. C'est au moment où il est au faîte de sa renommée que le mauvais sort s'abat sur Dunant. Resté trop longtemps éloigné des affaires, il est jugé coupable de la faillite du Crédit genevois dont il était administrateur. Au dénuement matériel s'ajoute le terrible discrédit moral qui entache toute banqueroute dans la cité de Calvin. Gustave Moynier, qui a toujours nié la paternité d'Henry Dunant dans la naissance de la Croix-Rouge, tient sa revanche et s'empresse d'accepter sa démission. Dunant n'abdique pas pour autant. Il s'illustre auprès des blessés de la guerre franco-allemande, en 1870, innovant même avec l'invention de la plaque d'identité pour identifier les morts. Il fait montre d'un courage peu commun pendant la Commune pour éviter le bain de sang. Il ne démissionne pas non plus de ses grands projets visionnaires dont il devient pour un temps l'apôtre itinérant et précurseur : protection des prisonniers de guerre, cour d'arbitrage internationale, bibliothèque universelle...

Mais la source s'est tarie. Miné par la rancœur, déchiré par la paranoïa, voyant partout des ennemis qui le calomnient, il perd pied. Commencent alors dix années de misère et d'errance pendant lesquelles il vit de la charité et parfois de la protection de quelques relations, comme la riche veuve Léonie Kastner. C'est brisé, ruiné moralement et physiquement, vieilli avant l'âge, qu'il arrive à Heiden où le découvre Georg Baumberger. Sidéré devant ce poignant vieillard, le journaliste autrichien va entreprendre de le sortir de l'oubli et de réhabiliter sa mémoire.

L'article qu'il écrit fait immédiatement sensation à travers l'Europe. À nouveau les témoignages de sympathie affluent pour célébrer le pensionnaire de Heiden. Le mouvement enfle bientôt, pour aboutir en 1901 à l'attribution à Henry Dunant du premier prix Nobel de la paix, qu'il partage avec le pacifiste Frédéric Passy. Sa reconnaissance comme bienfaiteur de l'humanité est éclatante.

Mais son amertume est trop profonde, ses déceptions trop fortes et les plaies encore à vif. D'avoir beaucoup donné et trop souffert, il n'a plus la force de revenir sous la lumière. C'est auréolé d'une gloire retrouvée mais ressassant ses rancunes qu'il finira les dernières années de sa vie. Non sans écrire encore quelques lignes prophétiques sur « l'avenir sanglant » de l'Europe : « L'Homme aura des moyens si prodigieux de faire le mal qu'il ne pourra être sauvé de lui-même, au milieu d'épouvantables désastres, que par une intervention divine [1]. » Il s'éteint le 30 octobre 1910, quatre ans avant le déclenchement de la Première Guerre mondiale.

1. Henry Dunant, *L'Avenir sanglant*, Zoé, Carouge (Suisse), 1994.

7.

Sauver des vies : l'avènement de l'humanitaire

À la mort d'Henry Dunant, une impulsion décisive était donnée à la naissance d'un engagement qui interprétait l'homme comme « une fin en soi ». L'humanitaire coïncide avec une culture du secours portée par ce père fondateur de l'humanitaire moderne. Déjà prolifique de son vivant, son héritage n'a cessé de s'amplifier et de se ramifier à travers les décennies. Ainsi, au cours de la Première Guerre mondiale, les volontaires de la Croix-Rouge américaine (fondée en 1881 par une infirmière, Clara Barton) présents en Europe seront quatre fois plus nombreux que les soldats du corps expéditionnaire américain. Rassemblant les principales sociétés nationales de l'époque, la Ligue internationale de la Croix-Rouge est fondée en 1919 pour intervenir en temps de paix, lors de catastrophes et pour les plus vulnérables ; elle est rebaptisée en 1991 Fédération internationale des sociétés nationales de la Croix-Rouge et du Croissant-Rouge (FICR). Les principes d'impartialité, d'indépendance et de neutralité sur lesquels la Croix-Rouge fonde aujourd'hui son action – avec l'aval des États – sont directement issus de la pensée d'Henry Dunant, ils président à ses orientations, son éthique, sa raison d'être et sa nature particulière. Ils garantissent sa cohésion interne.

Générations Croix-Rouge

En France, la culture du secours, conçue comme un élan spontané et indiscutable visant à aider toute personne dont la vie est menacée, a profondément marqué la naissance d'une société nationale comme la Croix-Rouge française[1]. C'est cette culture du secours qui, par extension, a conduit à la création du secourisme et des secouristes.

Il est à noter qu'à l'origine, cet esprit de secours ne différencie pas en son sein ses composantes sanitaires et sociales. Celles-ci ne se sépareront que progressivement pour délimiter des champs d'action distincts, quoique souvent intriqués. Par exemple,

1. La Croix-Rouge française était constituée à l'origine de trois sociétés : la Société de secours aux blessés militaires, l'Association des dames de France et l'Union des dames de France (les deux dernières étant le produit d'une scission de la première). Ces trois piliers se rapprocheront à nouveau dans les années 1930 puis formeront une société nationale unique en 1941.

l'engagement des infirmières, notamment sur les champs de bataille, repose au départ sur une démarche globale de soins associant pratiques sanitaires et sociales. Puis ce corps de pratiques se façonne peu à peu en un métier doté de techniques propres, justifiant une formation spécifique qui sera créée au début du XXe siècle par l'une des grandes figures de la Croix-Rouge en France, le Dr Duchaussoy.

Le secourisme n'a pas échappé à ce phénomène. Au cours de la première moitié du XXe siècle, il s'est structuré sur un socle de pratiques et de règles qui l'ont institué comme un secteur d'activité à part entière, entre réponse d'urgence et prévention. Auparavant, les secouristes volontaires de la Croix-Rouge avaient non seulement montré leur utilité mais aussi témoigné d'un esprit de dévouement, d'héroïsme parfois, allant jusqu'au sacrifice. L'engagement de ces soldats sans armes de l'humanité est total pendant la Première Guerre mondiale : on dénombre 68 000 infirmières-secouristes impliquées dont 108 mourront sur le front et 165 autres décéderont des suites de maladies contractées auprès des soldats. Insistance de l'histoire... Une intuition et un vague souvenir enfoui dans ma mémoire m'ont permis de trouver dans les archives familiales plusieurs documents ayant appartenu à une arrière-grand-mère qui s'est illustrée en 1917 comme infirmière de la Société de secours aux blessés militaires au service des armées alliées en Orient. Ses mérites sont soigneusement consignés dans les archives de la Croix-Rouge française.

En 1945, ils seront plusieurs dizaines de milliers à se dépenser sans compter pendant les combats meurtriers de la Libération, portant secours aux civils et aux militaires blessés français, alliés ou allemands, relayant en actes le « Tutti fratelli » lancé quatre-vingt-dix ans plus tôt à Solferino. 280 volontaires y perdront la vie. Bien que la Croix-Rouge française ait pu faire l'objet de critiques quant à son attitude pendant la guerre – son administration était en effet à l'image de la France de l'époque, tandis que ses volontaires, eux, continuaient pour la plupart à servir les valeurs fondatrices d'humanité et d'impartialité –, son action auprès des militaires et des civils, puis dans le rapatriement des prisonniers et des rescapés des camps de la mort lui valut la Légion d'honneur et la croix de guerre en 1945.

La culture du secours a promu la Croix-Rouge comme un acteur humanitaire de premier rang en situation d'exception. Ce rôle ne sera pas démenti dans les décennies qui suivront. Les bases modernisées d'un secourisme en temps de paix sont en place. Et la Croix-Rouge crée le premier diplôme de secourisme, reconnu par l'État dans les années 1940, et prélude à la mise en place d'une offre de formation aux premiers secours standardisée et à un dispositif d'acquisitions de compétences internes renforcé. Sa direction des secouristes est fondée en 1943, elle rassemble alors 40 000 équipiers. Désormais, ces équipes seront mobilisées sur tous les fronts de l'urgence, en coordination avec les pouvoirs publics.

Des centaines de ces bénévoles, souvent jeunes mais équipés et formés, se retrouveront ainsi en première ligne pour prendre en charge les victimes lors des récentes catastrophes qui se sont succédé à un rythme inquiétant : Vaison-la-Romaine en 1995, inondations dans le Sud et tempêtes en 1999, inondations de la Somme et explosion de l'usine AZF en 2001, inondations dans le Sud-Est en 2002, 2003 et 2005, canicule en 2003. Sur ce plan, il faut souligner que leurs modes d'intervention ont évolué. Il ne s'agit plus, ou rarement, de sauver des vies ou de pratiquer les gestes de survie, mais davantage d'assurer un toit provisoire, une écoute, un réconfort aux personnes sinistrées. Dans nombre de cas, l'action des secouristes se prolonge également dans la durée, lorsque les autres acteurs des secours ont déserté, pour ne pas laisser les familles seules face à leur traumatisme, démunies devant la nécessité de reprendre pied et de se relever.

En temps de paix, dans une société de droit développée comme la nôtre, l'impératif de sauver des vies s'est en réalité déplacé : il passe par la chaîne de secours au quotidien (Samu, pompiers, police). La Croix-Rouge en constitue naturellement aussi un maillon significatif, lors d'accidents dramatiques (incendies, feux de forêt...), ou par la simple présence attentive qu'elle assure lors de rassemblements de foule (événements culturels ou sportifs). Chaque année, 200 000 personnes sont ainsi secourues avec une efficacité accrue grâce à des savoir-faire maîtrisés mais aussi des techniques plus sophistiquées.

Ce petit détour n'est bien sûr qu'une illustration fort partielle de l'extraordinaire fertilité de l'héritage d'Henry Dunant. Celui-ci s'est exprimé sur un registre qui est d'abord celui de l'universalité, avec pour théâtre naturel la scène internationale.

Nous l'avons dit, l'idée novatrice du fondateur de la Croix-Rouge n'a pas simplement été de porter secours aux blessés en 1859 – ce que d'autres avaient déjà fait avant lui [1] –, mais de responsabiliser les États en les amenant à signer des traités internationaux qu'ils se sont engagés à respecter et à faire respecter. Comme l'explique Cornelio Sommaruga, président du CICR de 1987 à 1999 : « Si l'action humanitaire traduit l'exigence d'une solidarité avec l'humanité entière et le projet d'une prise en charge de la souffrance et de la dignité de l'Autre, elle a dès le début amené les États à renoncer à une partie de leur souveraineté pour autoriser cet espace humanitaire. »

Dès lors, le CICR n'a cessé de développer ses activités de protection et d'assistance, de visite des prisonniers de guerre et de réunification des familles, de promotion du droit humanitaire et de médiation,

1. À l'instar de Florence Nightingale (dont Henry Dunant fut un fervent admirateur) lors de la bataille de Crimée (1855).

afin de créer et d'amplifier ces espaces d'humanité au cœur même des conflits qui ont déchiré la planète. Sa légitimité repose aujourd'hui comme hier sur trois piliers. D'abord une légitimité morale que lui confère le respect scrupuleux de ses principes, à commencer par la neutralité, l'impartialité, l'indépendance et l'universalité. Ensuite une légitimité légale, émanant des Conventions de Genève et de ses protocoles additionnels dont il a inspiré l'élaboration. Enfin, comme l'indique André Pasquier, ancien directeur des opérations du CICR, l'organisation repose également sur là « légitimité que confère le temps, c'est-à-dire sur la légitimité acquise au travers d'une action menée de façon prévisible, dans la durée ».

Le CICR n'a jamais dévié de cette conception. Dans le cadre du Mouvement international de la Croix-Rouge et du Croissant-Rouge, il incarne cette puissance active en temps de guerre, aux côtés de la Fédération (FICR), compétente pour toutes les situations hors conflits (catastrophes, appui au développement...). Vu par la Croix-Rouge, l'humanitaire se doit d'être discret et rationnel – le principe de neutralité disqualifiant toute prise de parole publique, toute dénonciation personnalisée – pour privilégier des relations et des protestations en huis clos avec les États concernés par des pratiques contraires au droit humanitaire. Telle est la règle conçue comme la condition de son accès aux victimes et lui permettant d'agir sous toutes les latitudes, du Rwanda au Kosovo en passant par le Vietnam, le Cambodge, l'Afghanistan, l'Irak... Un code de comportement, une éthique, même, qui n'exclut en rien d'élever des protestations lorsque la situation l'exige.

À cet égard, les exemples sont nombreux. Le 15 septembre 1998, le CICR dénonce la situation au Kosovo de façon très détaillée, mettant en cause précisément chacune des parties au conflit. Il a également condamné à plusieurs reprises les attaques visant la population civile en Israël : « À l'occasion de ses activités dans les territoires occupés par Israël, le CICR a par ailleurs constaté des violations de diverses dispositions du droit international humanitaire, telles que le transfert par Israël de parties de sa population dans les territoires occupés, la destruction de maisons, le non-respect des activités médicales, ainsi que la détention de personnes protégées en dehors des territoires occupés [1]. » Le 22 mars 2005, il relève aussi les nombreuses violations du droit international humanitaire commises au Népal.

Entre-temps, le paysage des acteurs humanitaires et la fonction même d'humanitaire vont être bouleversés avec l'irruption de nouveaux acteurs qui incarnent ce qu'on a appelé le « sans-frontiérisme ». Leur credo ? L'urgence. Leur raison d'être ? Sauver les corps.

---

1. Déclaration du Comité international de la Croix-Rouge, Genève, 5 décembre 2001.

La geste des *French Doctors*

Le 30 mai 1967, le lieutenant-colonel Ojukwu proclame l'indépendance du Biafra, riche province du sud-est du Nigeria habitée par les Ibos. Ce peuple a montré depuis la décolonisation qu'une société politique sans État peut être viable (elle a duré pendant des siècles) et efficace. Victimes de persécutions et de massacres depuis des années, les Ibos entendent faire sécession et prendre eux-mêmes leur destin en main ; des puits de pétrole ont été découverts sur leur territoire. La répression ne se fait pas attendre, conduite par un gouvernement nigérian soutenu par la Grande-Bretagne et l'URSS. Le conflit qui s'ensuit est particulièrement sanglant : 1 million de morts environ, victimes du conflit mais aussi de l'insalubrité et de la faim. Il fait en quinze mois plus de morts que la guerre d'Espagne. Un peuple de 8 millions d'âmes est menacé d'extinction. « On entrait probablement dans un nouveau monde, qui n'était ni celui de la confrontation Est-Ouest, ni celui de la décolonisation », souligne Bertrand Badie, spécialiste des relations internationales, professeur à l'Institut d'études politiques de Paris[1]. Pour la première fois, des images de corps

1. Bertrand Badie, *La Diplomatie des droits de l'homme. Entre éthique et volonté de puissance*, Fayard, coll. « L'espace du politique », 2001.

décharnés se répandent sur les écrans de télévision qui commencent à faire partie du mobilier courant dans les foyers à cette époque. « J'ai vu des enfants inconscients de douleur, de faim, de maladie, assis autour de petits feux, qui tombaient sur les bûches sans sentir les brûlures », écrira le Dr Colette Boely, de la Croix-Rouge française[1].

Parmi les volontaires présents sur place, de jeunes médecins répondent à l'appel du CICR, alors que la guerre dure depuis un an déjà. Massacres, famines, maladies..., l'horreur quotidienne traverse leur vie. Lorsque le CICR ordonne d'abandonner, alors que les troupes nigérianes ne sont qu'à quelques encablures, certains refusent d'obtempérer. C'est le cas de Bernard Kouchner et de Max Récamier. Ils refusent non seulement de partir, mais aussi de se taire, violant ainsi l'engagement qu'ils avaient contracté auprès du CICR. En 1971, les deux hommes sont à l'origine de la création de Médecins sans frontières (MSF), ouvrant la voie à ce qui fut présenté plus tard comme l'épopée des *French Doctors*, contée dans nombre de livres et faisant même l'objet d'une série télévisée.

Cette nouvelle génération d'acteurs humanitaires s'affirme en se démarquant de la Croix-Rouge dont elle est issue. L'essor du mouvement sans-frontiériste correspond au besoin ressenti par ses fondateurs de disposer d'une structure d'aide médicale d'urgence

1. Citée dans *Les Cahiers de l'Express*, n° 20, 1993.

plus souple, ignorant les États, voire capable de les défier au besoin. Surtout, ce mouvement s'arroge le droit de dénoncer les États les moins fréquentables, ceux qui entretiennent le désordre, arment ou couvrent les bourreaux et détournent l'aide humanitaire de son but. Ce surgissement d'une parole libérée, directe, facilement médiatisable (et donc très vite médiatisée), plaçant la défense des droits de l'homme comme cadre légal et ultime de référence (minimisant du même coup la portée du droit humanitaire), fait très vite recette. Et de fait, ces *French Doctors* ne manquent ni de panache ni de courage. Ils agissent dès 1970 lors du cyclone qui ravage le Pakistan oriental (futur Bangladesh), puis au Sahel, décimé par la famine en 1972-1973, et en 1976 en Turquie, où le séisme de Van a fait 6 000 morts... En dix ans, ils vont occuper sans peine la place alors vacante de l'aventurier moderne dans l'imagerie populaire.

La découverte en 1976 du drame des *boat people*, ces vieux bateaux où s'entassent des milliers de réfugiés asiatiques livrés aux pirates, aux pillages et à l'indifférence, impose de façon éclatante ces nouveaux acteurs au verbe haut et à l'énergie communicative. C'est aussi le moment où les premières dissensions apparaissent en leur sein : la campagne « Un bateau pour le Vietnam », qui permettra bientôt au navire *Île-de-lumière* de partir en mer de Chine repêcher les réfugiés vietnamiens, est loin de faire l'unanimité chez MSF. Mis en minorité, Bernard Kouchner fonde Médecins du monde. L'opération est l'occasion d'une réconciliation entre Raymond Aron et Jean-Paul Sartre qui affirment « *Il faut sauver les corps* », reprenant le mot de Camus.

Sauver les corps : tel est bien le nouvel évangile de cette génération audacieuse. Même s'il fut très vite contrasté [1], le mouvement sans-frontiériste répondait à une logique propre, résumée ainsi par Pierre de Senarclens, professeur de relations internationales à Lausanne : « Animé par des gens – avant tout des médecins – en réaction contre la neutralité et le juridisme du CICR, ce mouvement entendait porter assistance aux populations en détresse, en particulier les victimes de guerres civiles, de famines, de tyrannies. Ces militants voulaient intervenir de manière urgente, sans discrimination, sans égard pour les frontières, les situations politiques, les spécificités institutionnelles et culturelles [2]. »

La percée est fulgurante. Le terme « humanitaire » envahit le lexique des commentateurs de la politique internationale, dont les ONG – autre vocable, d'origine anglo-saxonne, entré dans le langage courant – entendent être des acteurs à part entière aux côtés des États, des organisations intergouvernemen-

1. Tandis que, sous l'impulsion de Bernard Kouchner, Médecins du monde (MDM) se signala dans un premier temps par ses « coups » médiatiques, MSF, pilotée par Claude Malhuret, opta pour la voie de la professionnalisation, à la fois sur le plan opérationnel et sur celui de la collecte de fonds privés, gages de son indépendance. Elle fut par la suite imitée par la plupart des ONG, MDM incluse.

2. *Revue internationale de la Croix-Rouge*, n° 838, juin 2000.

tales, des firmes transnationales. Dans les années 1980, ces militants des droits de l'homme en action, parfois au péril de leur vie, ces zélotes de l'urgence au nom du devoir universel de sauver des vies s'en prennent aux associations de développement. La charge est parfois violente contre ces organisations dites « tiers-mondistes », jugées compromises avec des États marxistes. Des associations comme Terre des hommes, Frères des hommes, le Comité catholique contre la faim et pour le développement, la Cimade... sont dans la ligne de mire[1]. La logique de développement, même humaniste, inscrite dans la lutte contre la pauvreté, est ainsi récusée comme expression d'une action humanitaire. Pour ces urgentistes triomphants, seule compte la nécessité de « sauver des corps », d'être à la santé de la planète ce que le Samu est à la santé en France : un levier de secours médicalisé permanent.

L'irrésistible montée en puissance

À la passion du secours d'urgence se mêle une fonction d'éveilleur public. La volonté de témoigner est consubstantielle du sans-frontiérisme. Décidés à devenir des « empêcheurs de massacrer en rond », selon la formule de Rony Brauman, ces militants de la dignité humaine trouvent un relais complice dans les médias. On assiste à une alliance « entre le scalpel

1. Pour en savoir plus, voir Charles Condamine, *L'Aide humanitaire entre la politique et les affaires*, L'Harmattan, 1989.

et le stylo » qui popularise leur image de baroudeurs humanistes et consacre leur succès. De solides amitiés se nouent dans les coins les plus reculés de la planète, dans des pays où leur action s'effectue parfois dans la clandestinité (Nicaragua, Éthiopie, Cambodge, Viet-nam, Afghanistan...) et où grandit le sentiment, partagé entre humanitaires et journalistes, de pouvoir changer les choses, de devenir à leur mesure les hérauts d'un ordre mondial débarrassé de l'oppression des dictateurs et des régimes assassins.

La montée en puissance de ces nouveaux acteurs coïncide avec l'accélération et la démocratisation des technologies de l'information qui vont peu à peu faire de la planète un village. Des dizaines de millions de foyers sont pris à témoin par le passage en boucle d'images d'enfants décharnés, de corps suppliciés, de petites apocalypses consécutives à des catastrophes naturelles ou industrielles. L'intégration dans les consciences de ces réalités nues, le spectacle de ces souffrances bouleversent les perceptions du monde et appellent une réponse immédiate. L'humanitaire se pose rapidement comme la solution idoine et presque exclusive. La voie est ouverte vers la professionnalisation et l'institutionnalisation d'un humanitaire définitivement modernisé et en phase avec la sensibilité et les attentes d'un monde en voie de basculement.

La professionnalisation d'abord. Des ONG comme MSF ou MDM renforcent et optimisent leurs dispositifs logistiques afin d'être capables d'envoyer leurs équipes, faites de praticiens professionnels, équipés et aguerris, sur tout théâtre d'intervention. La rationalisation de leur organisation passe aussi par le recours, dès les années 1980, aux techniques de marketing direct et de communication importées des États-Unis. Les premières, ces ONG établissent ainsi un lien personnalisé permettant de fidéliser les donateurs et de limiter tout effet de dépendance à l'égard de bailleurs publics, ce qui sera moins le cas des associations qui apparaîtront dans leur sillage.

En effet, dans les années 1980 et 1990, plusieurs ONG apparaissent, reflétant l'extension de la génération sans-frontiériste : Action contre la faim, Équilibre (dissoute depuis), Solidarités, Premières Urgences... L'humanitaire s'institutionnalise. Au moment où les idéologies se brouillent avec la dissolution du bloc communiste, l'espace est disponible pour des systèmes de valeurs de substitution, en phase avec un nouvel ordre mondial en recomposition. La cause humanitaire va combler ce vide au moins partiellement. La fonction humanitaire est aussi annexée par un nombre croissant d'États – la création du secrétariat aux Droits de l'homme date de 1986, avec la nomination de Claude Malhuret, ancien patron de MSF ; celle du secrétariat à l'Action humanitaire de 1988 (Bernard Kouchner) – et inspire de façon de plus en plus structurante la fonction même de l'ONU sur la scène internationale, en particulier après la guerre du Golfe de 1991 et le déchirement de l'ex-Yougoslavie.

En vingt ans, la passion du secours s'est ainsi globalisée, au nom d'une sorte de devoir mondialisé d'assistance à personnes en danger. Assurément, l'héritage d'Henry Dunant a connu une fortune que personne n'aurait pu prévoir il y a encore cinquante ans. Dans le même temps, l'assimilation de l'humanitaire à l'action d'urgence est pratiquement réalisée, et sa propagation sur la scène internationale va s'accélérer encore avec le lancement du fameux droit d'ingérence.

8.

L'humanitaire dans la spirale de la globalisation

1991 : martyre des Kurdes en Irak après la guerre du Golfe. 1992 : dislocation de la Somalie en proie au chaos. 1991-1995 : éclatement de l'ex-Yougoslavie dans un cortège de massacres et d'atrocités qui déshonorent la communauté internationale... Le point commun entre ces crises qui secouent les relations internationales de l'après-guerre froide ? Dans chaque cas, c'est l'humanitaire qui est convoqué, tour à tour comme solution ou comme justification de l'intervention occidentale.

L'offensive du concept d'ingérence

C'est que, désormais, la cause humanitaire est partie prenante du discours et des pratiques politico-diplomatiques qui président à la gestion des affaires du monde.

En 1987, l'Assemblée générale des Nations unies adopte un rapport révélateur des évolutions politiques et sémantiques en cours. Son titre : « Le défi d'être humain ». La position affirmée consiste à fixer des limites au sacro-saint principe de la libre souveraineté : « Le respect des prérogatives souveraines des États ne doit pas être assuré au détriment des problèmes humanitaires. » En bref, l'État ne peut plus faire n'importe quoi du point de vue de l'humanitaire et des droits de l'homme. Le rapport va plus loin : « Pour systématiser les secours d'urgence et l'aide humanitaire, nous recommandons aux États d'envisager de reconnaître un droit d'assistance humanitaire qui fixerait les principes et les pratiques applicables en cas d'urgence humanitaire. » Un nouveau paradigme voit le jour, invitant dorénavant à considérer l'« humanitaire comme un cadre de référence pour l'identification des grands problèmes contemporains et comme une formule pour leur solution ».

Parler de « cadre de référence » est sans conteste un progrès qu'il me paraît absolument nécessaire de perpétuer, dans le droit fil de l'intuition d'Henry Dunant. En revanche, l'expression « formule pour leur solution » prête à confusion ; le mot « formule » peut être lu à double sens. Le premier sens peut donner le terme comme un gadget, un moyen secondaire, ou une simple « formule de politesse », qui peut donc changer selon les circonstances et les usages. Un second sens, plus profond, situe l'expression comme une

« formule mathématique », posant ainsi l'humanitaire comme une « formule clé », qui permet de résoudre de fortes contradictions et d'aborder l'équation des règlements internationaux sous un autre jour.

Les esprits sont mûrs pour l'offensive du concept « d'ingérence humanitaire » tel qu'il a été proposé par Bernard Kouchner et défendu par la France dans les tribunes onusiennes. De quoi s'agit-il ? L'idée est de promouvoir le droit des populations en danger de recevoir une aide internationale d'urgence quand il s'avère qu'elles ne peuvent pas être secourues efficacement par leurs propres autorités. Tel fut par exemple le cas lors du terrible séisme en Arménie, le 7 décembre 1988, qui a fait 55 000 morts, 13 000 blessés et 500 000 sans-abri ; les autorités soviétiques, dépassées, durent ouvrir leurs frontières à l'aide internationale. Au lendemain de ce séisme, l'ONU adopte une résolution (43-131) qui ne retient pas le concept d'ingérence humanitaire, mais porte sur « l'assistance humanitaire aux victimes des catastrophes naturelles et situations urgentes du même ordre ». Une première étape est malgré tout franchie. En décembre 1990, l'Assemblée générale de l'ONU reprend ces mêmes termes qu'elle agrège à une nouvelle résolution (45-100). Il y figure en plus le principe des « couloirs humanitaires », des zones sécurisées permettant le déploiement d'équipes de secours.

On peut regretter que le concept séduisant d'ingérence n'ait pas été suffisamment défini à son début, interdisant de fait le droit de s'en saisir. Mais on peut également s'interroger sur l'idée qu'il sous-tend, consistant à justifier une intervention armée entreprise pour des raisons humanitaires.

L'ambition du droit d'ingérence est ample, il suscite des adhésions ferventes en même temps que des critiques acerbes. L'idée selon laquelle tout État surpris en défaut de protection de sa population entraînerait l'intervention d'un ou de plusieurs États tiers habilités par l'ONU (principe de subsidiarité) provoque des grincements de dents et fait immédiatement surgir la question de l'impartialité des États secouristes. D'autant que, dans la tête de ses concepteurs, ce droit suppose l'emploi de la force, en vertu du chapitre VII de la Charte des Nations unies, si le risque de désastre humanitaire est en jeu, lors d'une catastrophe ou dans le cas d'un conflit. En un mot, la sauvegarde de la vie humaine doit désormais primer sur la souveraineté, et l'arsenal juridique et politique doit s'adapter pour appliquer cette exigence morale.

Ces nouvelles dispositions sont vite soumises à l'épreuve des faits. Le 5 avril 1991, la résolution 688 du Conseil de sécurité de l'ONU condamne la répression des populations civiles irakiennes et exige que l'Irak y mette fin sans délai. Deux jours plus tard, les États-Unis et leurs alliés français et britanniques lancent l'opération « Provide Comfort » : leurs forces armées fournissent directement l'assistance aux populations kurdes déplacées, notamment *via* le largage de vivres et de produits de première nécessité par hélicoptères.

Un an plus tard, devant l'inefficacité de l'Onusom, force des Nations unies censée assurer l'escorte et la protection des convois de secours en Somalie, l'ONU autorise les États-Unis et leurs alliés à déployer leurs forces armées à des fins humanitaires, à travers l'opération « Restore Hope ». L'échec cuisant de cette opération, ponctuée par les images de GI's traînés dans les rues de Mogadiscio, mettra provisoirement un coup d'arrêt à l'intervention armée directe des États-Unis au nom d'un hypothétique nouvel ordre mondial sous l'étendard de l'humanitaire et des droits de l'homme.

Entre 1991 et 1995, en Yougoslavie, à trois heures d'avion de Paris, s'opère une tragédie qui va durablement marquer les consciences. Chacun se souvient des ruines de Vukovar, du massacre de Srebrenica, de Rostropovitch faisant vibrer les cordes de son violoncelle dans les ruines de la bibliothèque de Sarajevo... Dès le début de la crise, l'humanitaire a été convoqué comme la solution prioritaire, sous la double bannière des associations et des forces de maintien de la paix. Cette alliance a indubitablement permis de sauver des milliers d'enfants et d'adultes, notamment à Dubrovnik, grâce au dévouement des acteurs internationaux de la solidarité. Elle n'a pas pour autant permis d'empêcher l'irréparable. Et devant le piétinement des négociations de paix, seul le recours à la force *via* l'OTAN permit d'en finir avec cette longue tragédie balkanique et consacra l'éclatement de la Yougoslavie. La leçon fut sans appel, démontrant l'impuissance de l'humanitaire à régler des conflits.

Une impuissance qui sautait également aux yeux au Rwanda où, en 1994, on a surtout retenu de l'action humanitaire cette impression d'hypermarché donnée par la myriade d'ONG disséminées à la frontière, dans la zone de Goma. Un génocide d'une sauvagerie ahurissante venait d'être perpétré, loin des yeux et devant une poignée de Casques bleus médusés et horrifiés [1].

L'évidence était posée depuis longtemps, mais il fallut les douloureuses expériences rwandaise et yougoslave pour l'afficher à la face du monde : l'humanitaire n'est et ne saurait être un levier politique de substitution ni un alibi à l'inaction de la communauté internationale. Pour autant, l'idée d'ingérence humanitaire n'est pas mise hors jeu. Au contraire.

Le précédent du Kosovo

La leçon yougoslave contribua certainement au déclenchement rapide de frappes aériennes lorsqu'en 1999 s'ouvrit la crise du Kosovo. La liste des méfaits

1. Rappelons que cette abomination provoqua en quelques semaines la mort de plus de 800 000 personnes, des Tutsis et des Hutus modérés, dont la plupart furent massacrés à la machette...

et des crimes commis sous l'égide du pouvoir serbe, la folie meurtrière qui s'était emparée des Balkans, la menace de voir cette région devenir une poudrière à large échelle, abondamment dénoncées par des ONG comme Médecins du monde ou Human Rights Watch, ne permettaient plus l'atonie de la communauté internationale.

Pour la première fois, logiques humanitaires et logiques des États se rejoignent. Le massacre de Racak [1] agit comme un détonateur et entraîne des réactions immédiates : William Walker, chef des observateurs de l'Organisation pour la sécurité et la coopération en Europe (OSCE), qualifie le drame de « crime contre l'humanité », ce qui lui vaut une réplique cinglante de Milosevic. Louise Arbour, procureur auprès du Tribunal pénal international pour l'ex-Yougoslavie, se rend sur les lieux de la tuerie, bravant les autorités serbes qui refusent de lui donner un visa.

Dans ce contexte jugé exceptionnellement explosif, les diplomaties occidentales changent de ton et d'attitude et font valoir graduellement la menace de l'intervention militaire. « Peu à peu, les choses changèrent, indique Bertrand Badie. De la Bosnie au Kosovo, ce n'était plus exactement le même drame humanitaire qui se jouait ; celui-ci était désormais

1. Des dizaines d'Albanais du village kosovar de Racak furent exécutés en janvier 1999. Le spectacle de leurs corps entassés horrifia les téléspectateurs du monde entier.

politiquement construit et appelait l'intervention plutôt que la compassion[1]. » Tous les acteurs humanitaires s'accordent alors à tenir un même discours : soit faire le maximum, soit s'abstenir, mais éviter les demi-mesures.

L'option militaire a cette fois été retenue. Le 23 septembre 1998, la résolution 1199 du Conseil de sécurité autorise l'usage de la force, non sans exciper du risque de « *catastrophe humanitaire imminente*[2] ». Les frappes de l'OTAN auront vite raison de l'entreprise de « purification ethnique » conduite par les autorités serbes. « Force est d'admettre que l'alerte humanitaire a pu fonctionner au Kosovo, amenant à disperser les naïvetés neutralistes et contraignant les États à agir », analyse Bertrand Badie[3].

Cette vigueur inhabituelle de la réaction politique, qui invoque des motifs humanitaires, est saluée par la plupart des opérateurs de la solidarité internationale (même, en coulisses, par ceux qui ont fait serment de silence). Cette fois, l'humanitaire n'a pas servi d'alibi ou de paravent à une valse-hésitation des puissances occidentales. Son action s'est déclenchée

1. Bertrand Badie, *La Diplomatie des droits de l'homme. Entre éthique et volonté de puissance*, *op. cit.*

2. À noter, le caractère impropre souligné par Rony Brauman de l'expression « catastrophe humanitaire » qui mélange la cause (la catastrophe naturelle, industrielle ou la crise politique à l'origine d'un conflit) et ses effets humanitaires.

3. Bertrand Badie, *op. cit.*

dans le giron d'une force militaire qui neutralisait la cause du drame en train d'être perpétré. Cantonnés les premiers mois en Albanie et en Macédoine pour venir en aide aux dizaines de milliers de réfugiés kosovars, les humanitaires investissent l'enclave dans le sillage – parfois en les devançant – des forces armées terrestres. Commence alors d'affluer à Pristina, capitale du Kosovo, tout ce que la planète compte d'humanitaires ou de « compagnons de route » : ONG, Croix-Rouge, militaires, agences onusiennes, consultants, personnalités médiatiques...

À l'autre bout de la chaîne, un impressionnant mouvement de solidarité partage ce devoir d'assistance à personnes en danger. L'imaginaire collectif est frappé par ces flots de réfugiés perçus par certains de nos aînés comme un lointain écho de l'exode des familles françaises en 1940. De nombreux foyers d'accueil se manifestent pour héberger en France, en Allemagne ou en Angleterre ces réfugiés en détresse qui, sous l'empire de la violence et des menaces, avaient dû quitter leur village, leur maison, leur activité, leurs biens.

Au Kosovo, l'altruisme a triomphé, par une alliance entre la force et la compassion. L'intervention politique à des fins de protection des civils semble consacrer l'ingérence humanitaire comme une nouvelle pratique instituée dans les relations internationales. La chasse aux régimes méprisant la dignité humaine va commencer, pensent certains. L'espoir sera de courte durée.

La Tchétchénie oubliée

Après le Kosovo, il apparaît en effet très vite que « l'intervention humanitaire » internationale constitue l'exception et non la règle. En Europe, l'exemple de la Tchétchénie est éloquent.

En 1991, cette petite république de l'ancien glacis soviétique autoproclame son indépendance. Trois ans plus tard, au prétexte de désordres internes entretenus par des bandes armées, l'armée russe l'envahit. C'est le début d'un processus implacable sur fond de drame humanitaire majeur.

La Tchétchénie allait en effet connaître un cycle infernal de violences aveugles, à coups de bombardements ou d'attentats, d'exactions et de massacres. Les autorités russes interdisent l'accès du territoire aux organisations humanitaires, mais ne manquent pas de les utiliser en les orientant vers la république voisine d'Ingouchie, où leur incombe la responsabilité de gérer les camps réunissant alors plus de 200 000 réfugiés tchétchènes. Ce procédé de défausse et d'instrumentalisation de l'aide, devenu classique, n'échappe ni aux acteurs de l'aide, ni aux observateurs. « Le tour de main était rusé, commente Bertrand Badie ; la survie de ces malheureux était assurée aux frais de la communauté internationale pendant que les divisions envoyées par Moscou pouvaient tranquillement "travailler" à l'intérieur du périmètre tchétchène[1]. » Et pour bien orchestrer ce grand mouvement, toutes les organisations et demandes humanitaires étaient placées par la Russie sous le contrôle d'un opportun « *ministère des Situations d'urgence*[2] ».

À partir de la prise de Grozny, au début de l'année 2000, Moscou opère un changement stratégique. Après six ans de répression en huis clos, les autorités russes autorisent les organisations humanitaires à venir sur place. Des autorisations néanmoins données avec précaution et de façon sélective à quelques opérateurs comme Médecins du monde, Action contre la faim, le HCR (Haut-Commissariat pour les réfugiés, des Nations unies). La contrepartie de cette ouverture était clairement fixée par les autorités russes : certes, les acteurs humanitaires pouvaient venir et circuler librement, distribuer les approvisionnements ou les soins jugés nécessaires, mais en aucun cas ils ne devaient diffuser des informations ou des témoignages sur ce qu'ils voyaient ou entendaient en Tchétchénie. Revers de l'aide : le silence.

La situation n'a pas tenu longtemps : un volontaire de Médecins sans frontières, Kenny Gluck, est enlevé au début de l'année 2001. Persuadées qu'il s'agit d'un signal de Moscou à leur encontre, la plupart des

1. *Ibid.*
2. *Le Monde*, 20 janvier 2001.

ONG décident de quitter la Tchétchénie, les conditions de sécurité n'étant plus réunies. À l'époque, seul le CICR reste présent et actif. Sur place depuis une dizaine d'années, il a été le fil continu de la présence humanitaire en Tchétchénie. Six de ses délégués y ont été assassinés en 1996.

La tension demeure extrême. La mobilisation internationale monte d'un cran, tandis que la commission de l'ONU chargée des droits de l'homme appelle la communauté des États à « prendre leurs responsabilités » face aux exactions commises dans cette région. De fortes pressions s'exercent alors sur la Russie. Mais le contexte international va radicalement changer quelques mois plus tard avec les attentats du 11 septembre 2001 qui focalisent toute l'attention sur les États-Unis. C'est le commencement d'une guerre mondiale d'un autre type, façonnant un nouvel axe contre le terrorisme islamiste. Un axe qui allait passer par Moscou, écrasant du même coup la cause humanitaire en Tchétchénie dont la population est à majorité musulmane...

Dans ce pays, l'action humanitaire semble désormais confrontée à des enjeux politiques internationaux qui la dépassent.

L'ingérence humanitaire se présente aujourd'hui comme un concept à géométrie variable. Appliquée au Kosovo, elle est inopérante dans d'autres conflits comme au Darfour, en République démocratique du Congo, en Haïti... Nous touchons bien là une des limites de la globalisation humanitaire fondée sur l'urgence. À l'avenir, seuls les conflits médiatisés auront une chance de bénéficier du traitement réservé au cas du Kosovo. Ailleurs, sans une mise en lumière planétaire, point de salut. Les acteurs humanitaires resteront seuls à lutter pied à pied pour empêcher que les populations civiles soient anéanties. Et ce qui vaut pour les conflits pourrait bien valoir aussi pour l'autre champ magnétique qui induit l'humanitaire d'urgence : les catastrophes naturelles.

Face aux catastrophes

Depuis des siècles, les catastrophes frappent l'imagination. Toute victime de caprices de la nature est auréolée d'une innocence brisée par le déchaînement des éléments. Toute victime prête au jeu des identifications, aiguisant les capacités d'empathie et de compassion des spectateurs effrayés par le basculement violent du destin que produit chaque désastre. Qu'on relise *Candide* de Voltaire, où est décrit le tremblement de terre de Lisbonne en 1755 (60 000 morts). Survenue le jour de la Toussaint, cette tragédie fut l'occasion pour le penseur français de tourner en dérision Leibniz et sa foi aveugle en la science comme moyen suprême de faire progresser l'humanité, ainsi que les religieux prompts à invoquer la soumission à l'autorité divine.

Dans la seconde moitié du XXe siècle, avec le développement des technologies de l'information, les catastrophes naturelles ou industrielles entrent dans les esprits comme une réalité récurrente des malheurs qui affectent certaines parties de la planète. On l'a dit, les séismes de Van en Turquie (1976) et d'Erevan en Arménie (1989) constituent des points de repère dans l'ascension rapide du sans-frontiérisme. Depuis, le fracas des éléments naturels a emporté un nombre sans cesse croissant de personnes, selon des séquences d'une intensité et d'une ampleur inquiétantes. La liste est longue, des ravages d'El Niño (1997-1998) au tsunami, en passant par les cyclones, inondations, séismes, éruptions volcaniques... Sans parler des sécheresses, épidémies de malnutrition, catastrophes techno-industrielles comme à Bhopal (Inde) ou à Tchernobyl (Ukraine), deux noms de sinistre mémoire.

De ces tourbillons de drames qui ont défilé sur nos écrans, on retiendra quelques instantanés.

Ouragan Mitch, 1998 : l'image de ce père, le visage déformé par une infinie tristesse, tenant dans ses bras un enfant si menu qu'il semble aussi léger qu'une plume. En cinq jours, il est tombé plus de pluie dans la zone qu'en dix-huit mois à Paris ; les bourrasques atteignant 440 km/h laissent derrière elles un désert. Bilan : 10 000 morts, des millions de sans-abri.

Venezuela, le 26 décembre 1999. Un secouriste décrit les ravages des inondations et des glissements de terrain qui ont laminé une partie du pays : « Villages détruits, collines fracassées, plages et maisons broyées... Sur une distance d'environ 40 kilomètres, tout a été recouvert d'une couche hétéroclite de boue, de pierres, de troncs d'arbres... Une couche épaisse de 2 à 4 mètres, dans laquelle de nombreux corps sont découverts lors des travaux de déblayage. Les voies de communication du bord de mer ont totalement disparu. La circulation, très difficile, se fait sur des accès totalement artificiels entre les quelques immeubles restés debout, dont certains ont été décapités. Mais la première image qui me reste, ce sont ces énormes blocs de pierre qui ont tout emporté sur leur passage. Imaginez ces blocs énormes dévalant sur les habitations, en pleine nuit, en provoquant un grondement infernal avant de tout aplatir... » Bilan : entre 30 000 et 50 000 morts, plus de 600 000 sans-abri.

Rappelons-nous aussi l'Algérie, devenue en mai 2003 l'épicentre de tous les traumatismes. Ce pays reclus sur lui-même pendant plus de dix ans, torturé par un conflit interne sanglant qui a fait des dizaines de milliers de morts, renaissait à peine quand la région du Nord-Est fut endeuillée par un violent séisme faisant 2 200 morts. Rappelons-nous Haïti, autre pays martyr, livré au chaos au début de l'année 2004 après une nouvelle flambée de violence, avant d'être frappé coup sur coup la même année par deux calamités (dont la tempête tropicale Jeanne dans le golfe de Gonaïves) qui firent plus de 2 000 morts et 250 000 sinistrés. Rappelons-nous le séisme de Bam, aussi, en Iran (décembre 2003) : quelques secondes de secousses telluriques suffirent à abattre les murs de la cité historique, faisant plus de 40 000 morts et autant de blessés.

Nul doute que la répétition de catastrophes marquantes a contribué au rayonnement de l'action humanitaire. Alors que le débat sur l'ingérence humanitaire bat son plein, l'intervention d'urgence en situation de catastrophe est une partie constitutive de l'édification de cet ordre mondial humanitaire. Y gravitent les mêmes acteurs, publics et privés, qui achèvent d'instituer l'humanitaire comme un levier d'action et de valeurs globalisé.

Derrière le phénomène global, pourtant, se cachent des réalités plus contrastées. Alors que la mobilisation était intense pour le tsunami, d'autres calamités étaient à l'œuvre. Mais elles n'étaient pas inscrites à l'agenda humanitaire international.

Niger, terre d'abandon ?

Au Niger, la catastrophe était bien réelle (et elle le reste pour partie au moment où j'écris ces lignes). Mais la réaction de la communauté internationale a connu quelques lenteurs malgré une succession d'alertes qui ont balisé de mois en mois le chemin d'une crise annoncée.

En 2004, un manque de pluie pendant une période cruciale dans le développement du mil (denrée de base) et une invasion de criquets qui a ravagé les cultures marquaient le début d'un processus qui n'a été enrayé ni par les autorités du pays, ni par les structures de solidarité ou les dirigeants d'autres États.

Résultat, en un an, la situation inquiétante est devenue catastrophique. Au milieu de l'année 2005, la Fédération internationale des sociétés de la Croix-Rouge et du Croissant-Rouge (FICR) estimait à plus de 3 millions le nombre des Nigériens touchés par la crise alimentaire et à peu près à 3 % le taux des enfants de moins de 5 ans souffrant de malnutrition aiguë. Cette situation appelait une importante intervention d'urgence.

En réalité, la crise aurait pu être évitée. En octobre 2004, le gouvernement nigérien fait les comptes, après la désastreuse récolte. Il manque plusieurs centaines de milliers de tonnes de céréales et surtout plus de 4 millions de tonnes de fourrage, indispensables pour les animaux. La chaîne alimentaire de base est directement menacée. Le Premier ministre du Niger réclame alors une aide en nature (78 000 tonnes de céréales) au Programme alimentaire mondial (PAM), l'organisme des Nations unies chargé de répondre aux demandes alimentaires venant des États. Résultat ? La communauté internationale fait la sourde oreille. Le PAM se tourne vers les pays donateurs et n'obtient, dans un premier temps, aucune réponse.

En quelques mois, la pénurie de denrées alimentaires pour les hommes comme pour les animaux commence à faire des dégâts. Le marché intérieur s'assèche et les prix flambent. Une grande partie de la population ne peut naturellement pas suivre la montée des cours. Les plus faibles, en particulier les enfants, sont les premiers à en subir les conséquences. Dès janvier 2005, les Nigériens commencent à fuir vers les provinces du Sud. « Le monde a été sourd, analyse Gian Carlo Cirri, représentant du PAM à Niamey. Les premiers appels à l'aide du Niger ont été lancés quelques semaines avant le tsunami en Asie, qui a monopolisé dons et émotion. Ensuite, ce fut le tour de la guerre civile au Darfour, à l'ouest du Soudan. Il y a malheureusement trop de situations d'urgence sur notre planète. La communauté internationale est un peu comme les pompiers. Elle intervient quand il y a le feu [1]. »

Au Niger, l'incendie s'est transformé en un immense brasier et les canadairs ont beaucoup tardé... En février 2005, le PAM monte une opération d'urgence pour secourir 400 000 personnes. Aucune une de journaux, aucune émission de télévision... Ce deuxième appel à contribution tombe une nouvelle fois dans le vide. Les grandes organisations humanitaires françaises sont présentes mais l'action intéresse peu : elle n'est pas « spectaculaire », son impact médiatique est quasiment nul, même si l'Unicef parle au printemps de 150 000 enfants menacés.

Le 8 juillet, le sommet du G8, grandement focalisé sur la lutte contre le terrorisme après les attentats

1. *Le Nouvel Observateur*, 11-17 mai 2005.

de Londres, annonce un vaste plan d'aide à l'Afrique mais ne traite pas le cas particulier du drame nigérien. Le lendemain, le PAM lance un troisième appel aux pays donateurs. Le montant demandé est passé, en six mois, du simple au double : 30 millions de dollars sont cette fois demandés car, évidemment, la situation s'est entre-temps gravement détériorée. Le feu s'est propagé et, à force d'attendre, les pompiers se demandent s'ils vont pouvoir faire face au danger. Le mois de juillet marque cependant le début d'une réponse internationale plus massive.

Début septembre, la situation semblait enfin s'améliorer. Amplifiée pendant l'été, l'action des organisations humanitaires et internationales semblait désormais pouvoir tenir, jusqu'à la récolte suivante pour certaines, dans la durée pour d'autres, afin d'essayer de prévenir tout nouvel épisode catastrophique. D'autant que le Niger n'a été que la partie visible d'une fragilité qui touche l'ensemble du Sahel : le Mali voisin, par exemple, où selon l'ONU 1,2 million de personnes avaient également besoin d'une aide alimentaire d'urgence. Mais ils sont aussi 750 000 dans la même situation en Mauritanie, 500 000 au Burkina Faso. Le Tchad, à l'Est, n'est pas mieux loti ; les prix sur les marchés locaux n'ont jamais été aussi élevés qu'au cours de l'année 2005, et la crise alimentaire souffre... de ne pas pouvoir être mesurée : le dispositif de surveillance nutritionnelle de la population y est défaillant. Faute de thermomètre, on ne parle pas de fièvre au Tchad, les signaux d'alarme sont moins tirés, alors que le niveau de vie, ou de survie, n'y est pas forcément meilleur qu'au Niger. Mais qui s'en soucie, à part les humanitaires ?

L'exemple du Sahel, en écho à celui de la Tchétchénie, illustre combien l'idée d'intervention humanitaire internationale est soumise à une logique sélective. Et chacun en devine les critères, déjà énoncés au fil de nos développements : couverture médiatique, intérêts géostratégiques des puissances dominantes, force de plaidoyer des opérateurs humanitaires, considérations financières... Ces critères sont aussi les limites de l'ingérence humanitaire.

Ces manquements ne doivent toutefois pas oblitérer le phénomène majeur qui s'est révélé au fil des années, sous l'effet notamment de l'offensive du concept d'ingérence : la globalisation de l'humanitaire. Portée en grande partie par le mouvement sans-frontiériste, relayée par l'opinion publique et les acteurs intergouvernementaux, cette globalisation est devenue une donnée structurante dans les relations internationales. Mais ce n'est pas tout. Il est un dernier acte qui signe le phénomène de globalisation, tel qu'il a été promu par ses nouveaux messagers ces trente dernières années : l'accent mis sur l'action menée en France.

Redécouverte de l'humanitaire de voisinage

Le parcours d'une ONG comme Médecins du monde (MDM) est éclairant à cet égard. Depuis sa création en 1980, MDM a déployé ses missions aux quatre coins du globe : Afghanistan, Salvador, Tchad, Mozambique... Mais à leur retour de mission, au milieu des années 1980, nombre de médecins observèrent que le quart-monde était de plus en plus présent dans les recoins de notre propre société. D'où une question criante : comment repartir ailleurs sans avoir rien fait pour aider les laissés-pour-compte vacillant à nos portes ? Comment accepter ici ce qui était considéré comme intolérable ailleurs ? En 1986, MDM crée donc une toute petite structure dont la durée de vie était fixée à six mois. L'objectif était de comprendre comment, en France, des personnes vivant dans les rues pouvaient être privées de soins. Près de vingt ans plus tard, la mission France de MDM existe toujours et son activité n'a cessé d'augmenter.

Certes, l'existence d'une société de l'ombre ne constituait en rien une nouveauté pour des associations de tradition caritative très engagées dans la solidarité de proximité, comme ATD Quart Monde, le Secours catholique, le Secours populaire, l'Armée du Salut ou, bien sûr, la Croix-Rouge française. Le cri lancé en 1954 par l'abbé Pierre, fondateur d'Emmaüs, continuait de résonner sur le territoire français. Pour autant, les années 1980 marquent la fin des trente glorieuses qui avaient installé les consciences dans le confort d'une relative prospérité. La mondialisation de l'économie, les chocs et contre-chocs pétroliers ont secoué le pays, sommé de s'adapter à une compétition de plus en plus féroce, tandis que le poids d'une dette croissante et le creusement des déficits internes faisaient tituber l'État-providence. Sous l'effet conjugué de cette configuration nouvelle, le socle de la société a été déstabilisé, jetant sur le bas-côté la frange la plus fragilisée de la population. La récession de 1991 n'a fait que confirmer l'accroissement des inégalités et du phénomène d'exclusion qui frappait des dizaines de milliers de personnes.

Les nouveaux humanitaires ont calqué sur le territoire français des réponses inspirées de leur expérience en terres étrangères. On est en quelque sorte passé de l'humanitaire d'urgence médicale à l'humanitaire d'urgence sociale. Le Samu [1] social, conceptualisé par Xavier Emmanuelli [2], est ainsi conçu comme un mode de traitement mobile et immédiat de l'exclusion. Une fois encore, le concept a fait mouche en ce qu'il répondait avec efficacité à des besoins perçus par tous (se nourrir, se vêtir, avoir un toit, rompre

1. Service d'aide médicale urgente.

2. Soulignons au passage que la Croix-Rouge avait lancé dès les années 1970 des « patrouilles de nuit » qui préfiguraient le Samu social. Aussi n'est-ce pas un hasard si elle anime aujourd'hui les quatre cinquièmes des Samu sociaux réunis en une fédération présidée par Xavier Emmanuelli.

l'isolement). L'urgence sociale s'est ainsi développée à travers la mise en place de dispositifs spécifiques de prise en charge de la grande exclusion (Samu social, hébergement d'urgence, veille sociale...).

*

*   *

De New York à Paris en passant par toutes les capitales du monde et tous les lieux de conflits et de catastrophes : la boucle est bouclée. La force humanitaire est enchâssée dans un système de valeurs globalisé, convoquée parfois comme une solution aux maux qui agitent la planète, invoquée toujours en situations d'urgence médiatisées. Elle est devenue la part philanthropique du processus de mondialisation. Le concept d'ingérence a été un fer de lance de ce processus, mais il achoppe aujourd'hui sur d'évidentes limites.

En moins de dix ans, la cause humanitaire est ainsi devenue un fait de civilisation. Elle s'est instituée comme une nécessité spontanée face à toute situation de crise, même si sa promotion n'est pas allée sans ambiguïtés. Débordant les acteurs traditionnels comme la Croix-Rouge puis les nouvelles ONG, le recours à l'humanitaire s'est insinué dans les rouages des grandes instances de décision internationales – États, armées, agences intergouvernementales, instances européennes... – qui l'ont adopté comme un nouveau levier d'action.

Les conquêtes de l'humanitaire sont réelles, mais elles sont loin d'être achevées en l'état. Trop de limites et d'apories le guettent s'il reste crispé sur le ressort exclusif qui l'a promu : l'urgence.

9.

Les impasses de la seule urgence

Nous l'avons dit, l'acte fondateur d'Henry Dunant est né d'une pulsion, d'une intime exigence dictée par l'urgence face à l'abomination. Cette culture de l'immédiateté, de la spontanéité, s'est universalisée, du simple particulier au secrétaire général de l'ONU. Le monde ne peut que s'en porter mieux. L'urgence, c'est la sensibilité à l'inacceptable transformée en actes. Face aux désastres, au cœur des conflits, parmi les réprouvés de notre modernité, c'est le devoir de secourir toute vie menacée qui a permis de sauver sans doute des millions de personnes en un siècle, grâce au dévouement de milliers de volontaires anonymes répartis aux quatre coins du monde. L'Occident – en particulier la France – et la plupart des pays du Sud peuvent s'enorgueillir d'abriter aujourd'hui de nombreuses organisations capables d'intervenir dans l'urgence auprès de populations éloignées, avec rapidité et indépendance. Des maillages de partenariat sur zones se sont constitués avec le temps, des processus et des modes d'intervention se sont perfectionnés, avec professionnalisme, au gré des expériences et des crises successives.

Mais l'urgence posée comme un absolu, un horizon indépassable de l'humanitaire, porte en germe des ambiguïtés qui peuvent, à terme, la desservir. Beaucoup a déjà été dit ou écrit sur ce point. Pourtant, il me semble nécessaire, tout en reconnaissant naturellement le caractère indispensable de l'urgence, d'interroger une fois encore sa pertinence à tout englober.

Aider ou dénoncer ?

Les dilemmes de l'urgence sur le terrain sont connus, analysés depuis des années ; il est démontré que la pureté apparente du secours peut s'avérer dangereuse si on n'y prend garde. En guise de rappel, revenons sur un exemple qui fit date.

En 1985, 800 000 Éthiopiens sont victimes de la sécheresse et de la famine engendrée par la politique de déplacement de population menée par Mengistu. Alors que la mobilisation occidentale, sous l'impulsion d'artistes occidentaux, monte en puissance à coups de clips et de tubes – « We are the world, we are the children... » –, le dictateur éthiopien gère le robinet des images et celui de l'ouverture humanitaire avec un doigté à donner la nausée. Un véritable système d'enchères humanitaires est poussé à son comble : s'il permet à l'aide de se déployer (nombre de convois seront néanmoins rançonnés), c'est pour mieux utiliser les acteurs de la solidarité dans le mouvement de déplacement forcé de population qu'il orchestre. Pour les humanitaires, l'alternative fait froid dans le dos : rester pour assister les victimes mais accepter le piège d'une politique criminelle, ou dénoncer cette politique mais abandonner du même coup les populations à un sort funeste... MSF a dénoncé. La Croix-Rouge est restée. Terrible dilemme, qui se répétera dans maintes situations par la suite.

De fait, l'aide d'urgence en situation de conflit, si elle soulage ponctuellement les souffrances, peut aussi avoir pour effet néfaste d'alimenter ces conflits. Soit par les « prélèvements » que certains chefs de guerre effectuent, instituant une sorte de péage, condition d'accès aux victimes. Soit en légitimant ces mêmes chefs de guerre, qui bénéficient indirectement d'une prise en charge gratuite des populations sous leur coupe, et peuvent ainsi librement se consacrer à leurs desseins militaires. Les secours en situation de guerre n'ont donc pas un effet neutre, leur présence garantit parfois malgré eux une manne ou un levier de pouvoir pour tout potentat rusé. Pour autant, peut-on oublier que l'aide a avant tout pour objectif de parvenir aux victimes ?

Dans les pas de Sisyphe

Le fond de la critique porte cependant ailleurs. Il pointe du doigt une mécanique qui parfois ressemble moins à une entreprise de sauvetage à grande échelle qu'à un éternel recommencement. À l'instar de Sisyphe, figure mythologique condamnée à remonter son rocher en un même mouvement perpétuel, l'humanitaire de l'instant court donne parfois le sentiment d'une urgence qui s'éternise, lorsque les États bégaient sans assumer leurs responsabilités.

Tel fut le cas de l'action de la Croix-Rouge française dans le fameux centre de Sangatte. Faute d'une harmonisation des politiques d'immigration entre la France et la Grande-Bretagne, et plus globalement à l'échelle européenne, plus de 70 000 « sans-asile fixe » (dont des centaines d'enfants), de plus de 80 nationalités différentes, ont transité par ce centre de septembre 1999 à décembre 2002, risquant chaque soir leur vie pour essayer par tous les moyens de traverser la Manche. Conçue comme une réponse provisoire strictement humanitaire, assurée par des volontaires admirables, l'assistance s'est poursuivie pendant plus de trois ans, avant qu'un début d'accord ne soit trouvé entre Français et Britanniques. Entre-temps, Sangatte était devenu un point de fixation où la protection de la dignité de chacun fut certes considérée comme la règle, mais où l'humanitaire était impuissant à offrir une issue durable à des familles désespérées.

À une tout autre échelle, l'évolution d'un pays comme le Soudan témoigne avec force des limites intrinsèques de l'urgence humanitaire.

L'histoire du Soudan ressemble à un long calvaire pour ses habitants. Depuis l'indépendance du pays, en 1956, il a traversé deux guerres civiles et quinze coups d'État. Sur les vingt dernières années, le conflit opposant la capitale, Khartoum, au Sud a provoqué la mort de près de 2 millions de personnes et le déplacement de millions d'autres. Et le conflit du Darfour – car il s'agit bien d'un conflit – a tué entre 200 000 et 400 000 personnes (dont 50 000 par balles), selon les estimations d'observateurs ou d'acteurs humanitaires. Sans doute autant, voire davantage, de morts qu'en Asie avec le tsunami. Le Soudan, un pays qu'assurément les humanitaires ont investi assidûment, intervenant à chaque soubresaut, à chaque épisode sanglant pour protéger les plus vulnérables, et parfois pour témoigner.

Ils ont été aux premières loges pour observer, impuissants, cet énorme pays de l'Est africain s'enfoncer dans le chaos. La crise du Darfour s'inscrit dans la continuité de dérèglements politiques chroniques. Comme l'explique le grand reporter Patrick de Saint-Exupéry[1], elle a été attisée par Khartoum, qui a « instrumentalisé le traditionnel antagonisme opposant Arabes et Africains : aux premiers, des armes sont

1. *Le Figaro*, 12 juillet 2005.

distribuées, des promesses d'avenir meilleur lancées ; aux seconds, l'enfer est réservé ». Un pan entier de la population du pays est jugé d'un seul coup indésirable et destiné à être éliminé de la carte. « Le drame du Darfour, commente Jean-François Deniau [1], est proche du mécanisme de purification ethnique du sol conçu par Milosevic. Pour le pouvoir, il s'agissait de brûler des villages, de tuer ou de faire tuer, de faire fuir. Il s'agissait d'une terreur organisée pour dégager le terrain. »

Le conflit s'est ainsi embrasé à partir d'une trame élaborée : une politique armée de la terre brûlée. Malgré les pressions vigoureuses des États-Unis et de l'ONU, le Darfour est devenu un immense territoire de non-droit, que la capitale soudanaise a laissé dériver jusqu'à l'agonie.

Si elle est parfaitement intégrée et acceptée par les urgentistes de l'aide, cette sensation de retour à la case départ provient aussi d'une caractéristique consubstantielle de la logique de secours : son objet est de traiter les symptômes des crises, et non les causes. C'est patent lors de catastrophes, comme le souligne avec justesse l'économiste britannique du développement Mary B. Anderson : « L'aide d'urgence néglige habituellement les causes qui l'ont rendue nécessaire. Les agents de secours s'efforcent souvent de "rétablir la normalité". Or ce sont préci-

1. Entretien avec Jean-Philippe Moinet, juillet 2005.

sément ces conditions de “normalité” qui ont provoqué la situation d'urgence[1]. » En un mot, à ne voir que les corps, on occulte à tort le terreau des vulnérabilités qui conditionnent l'intervention.

On retrouve ce schéma dans notre conception de l'urgence médicale en France. Les secours médicalisés, et au-delà la médecine elle-même, réservent indifféremment à un sans-abri ou à une personne âgée isolée le même traitement « technique », sans être en mesure d'intervenir sur les causes de maladies qui bien souvent relèvent autant d'un malaise psychosocial que d'un dysfonctionnement physique. Je reviendrai sur ce point capital.

Effets collatéraux de l'urgence

À l'instar de sa sœur jumelle médicale, l'urgence humanitaire a ses cécités, souvent assumées par ses plus fervents défenseurs. Elle a aussi ses cloisons.

Lors de leur brutale offensive contre les associations de développement, les acteurs humanitaires de l'urgence ont privilégié une posture idéologique, se privant ainsi de précieux métissages. L'action d'urgence s'est certes structurée autour d'un corps de pratiques efficaces et pragmatiques, mais a aussi aiguisé un certain corporatisme fait de secrètes fraternités

1. *Des choix difficiles. Les dilemmes moraux de l'humanitaire*, Gallimard, 1999.

entre ceux qui en partagent l'esprit et les pratiques, et difficilement perméable aux influences extérieures. Cette fermeture ne date pas d'hier. Elle prend racine dans la confrontation aux tragédies, dans l'immersion en zones de chaos, situations que les mots peinent à restituer dans toute leur densité vécue.

Un autre germe de corruption inscrit dans le « code génétique » de l'urgence est la logique d'assistanat qu'elle véhicule. Figée dans l'instant court, l'urgence se résume à l'impératif d'agir, de soigner coûte que coûte, d'administrer des remèdes à un mal bien identifié, sans solliciter une quelconque participation du bénéficiaire dans la relation d'aide. D'où un processus déviant qui conduit les bénéficiaires à considérer l'aide extérieure comme un droit, voire comme un dû. Il n'est pas rare, par exemple, dans le cadre des dispositifs d'urgence sociale, de voir un sans-abri s'emporter parce qu'il n'a pas vu le Samu social la veille, ou en raison de conditions d'hébergement jugées déplorables... L'enjeu est plus important qu'il n'y paraît puisqu'il revient à questionner l'action d'urgence quant à ses effets collatéraux. Et ceux-ci peuvent aller jusqu'à une altération de la dignité. Un psychanalyste comme Miguel Benasayag va même plus loin en affirmant : « L'urgence sociale [réduisant] les personnes exclues à leur corps leur dénigre tout droit à la dignité humaine. » Complexe, ce problème n'appelle pas de solution simple mais mérite, à mon sens, qu'on lui accorde un espace de réflexion.

Dans le même registre, la sociologue Myriam Revault d'Allonnes écrit : « Une humanité qui n'a d'autre appartenance qu'à la “nature humaine” est une humanité déshumanisée[1]. » L'urgence est ainsi faite que, souvent, elle ne perçoit son engagement qu'au prisme du corps à sauver sans délai, dans un environnement sociopolitique hostile ou pour le moins difficile. Pris dans l'élan impérieux d'agir, l'humanitaire d'urgence a trop tendance à ne voir que la victime, oubliant parfois l'humain dans sa globalité, ses besoins, ses capacités, ses aspirations, ses projets ou encore – pourquoi pas ? – ses rêves. Ou comme l'écrit Mary B. Anderson dans un titre de son article : « Aujourd'hui, vous me sauvez la vie, mais pour quel avenir[2] ? »

L'urgence humanitaire, et après ? Il faudrait ne plus avoir à se poser la question.

Les travers de l'immédiateté

Dans l'alliance très tôt scellée avec nombre de médias, certains pionniers de l'humanitaire d'urgence n'ont pas hésité à activer la corde compassionnelle, à utiliser l'émotion, parfois avec démesure, pour représenter la victime sous le seul angle de la détresse et de

1. *Le Dépérissement de la politique. Généalogie d'un lieu commun*, Aubier-Flammarion, 1999.

2. *Des choix difficiles*, *op. cit.*

la pitié. L'effet peut être redoutable : « Sans doute sommes-nous conscients qu'il faut agir, analyse le philosophe Roger-Pol Droit. Nous nous indignons donc par moments, nous compatissons, avec une impression d'urgence, afin de retomber dans l'inattention. L'intolérable est recouvert par la succession des choses. »

En réalité, les médias n'ont pas besoin des humanitaires pour relayer une culture de l'urgence qui constitue son adrénaline commerciale, au risque de reléguer la raison. La raison, quand il s'agit par exemple de peser tous les arguments, de réunir toutes les données sur une situation ou un pays, avant de se précipiter pour agir sous prétexte que des images « viennent de tomber » dans les rédactions. Dans le pays concerné, il est des régions plus touchées que d'autres. Il y a aussi des pays voisins autant, voire davantage concernés par le même fléau que le pays sur lequel les projecteurs se sont d'un seul coup braqués. Il faut également savoir scruter l'ombre des projecteurs...

La mobilisation de l'opinion publique peut créer d'odieux paradoxes : sous le coup de l'émotion et de l'urgence, le flot concentré de l'aide internationale peut aggraver le sentiment d'abandon dans les zones non bénéficiaires. Ainsi le Darfour a-t-il été effacé par le tsunami, puis le Niger par l'ouragan Katrina aux États-Unis. Une catastrophe chassant l'autre... Avec l'impression que certaines victimes – celles de catastrophes naturelles – sont plus médiatiques que d'autres

– celles de conflits ou de drames répétitifs, en Afrique notamment.

L'une des difficultés est précisément que l'ère des médias s'inscrit dans une logique de l'immédiateté et que la différence des perspectives n'est pas toujours bien comprise. La logique propre de l'image télévisée est naturellement celle du « tout est visible, donc il y a toujours une solution, ici et maintenant... ». Aussitôt capté par l'image, le problème est donc à résoudre. Or, non seulement tous les maux de la planète ne sont pas visibles (même dans les zones ouvertes), mais tous ne peuvent trouver une solution réelle dans une chronologie limitée à quelques semaines ou même quelques mois.

Pour autant, l'humanitaire a besoin des médias. Il s'en nourrit afin d'édifier les consciences et réunir les moyens de l'aide. Pour reprendre la belle formule de Jean-François Deniau, le risque pour l'humanitaire « est moins l'excès de médiatisation que l'excès d'immédiatisation ». Dans un monde où tout événement est capté dans une logique de l'immédiateté, où les événements se chassent les uns les autres à une vitesse accélérée, il s'agit de garder une perspective globale, dans laquelle la durée de l'action devient non pas l'opposé de l'urgence mais son complément indispensable.

Aussi, ne céderai-je pas ici à une critique facile, devenue un leitmotiv, des médias en général. Il est un fait acquis que la télévision, aujourd'hui, cherche le plus souvent à transformer chaque surgissement de l'actualité, même le plus dramatique, en divertissement ; à traiter les causes humanitaires sur le mode du sensationnalisme, tout comme elle rend mieux compte des effets d'une décision politique que du raisonnement qui y a présidé. De même, l'image de chaque victime est censée parler pour les autres, hors de toute singularité. Cependant, j'ai la faiblesse de penser que ce type de mariage entre représentation de la réalité et divertissement n'est pas une fatalité. Des évolutions vertueuses peuvent survenir, qui ne se résument pas à l'image d'une femme éplorée ou d'un enfant famélique ; qui ne figent pas dans l'instant court, ni ne morcellent dans l'image, ce que la vie a de potentiels et de promesses.

*

* *

L'urgence s'est instituée comme le temps de référence de nos sociétés, le métronome d'un temps qui s'accélère. Ce phénomène traverse le champ humanitaire depuis une trentaine d'années, avec le succès que l'on a vu, mais butant aussi sur des impasses qui méritent une attention soutenue. Mon propos sur l'humanitaire d'urgence n'a rien de polémique. Il vise pour l'essentiel à dire ceci : malgré son prestige et ses innombrables lettres de noblesse, et en dépit de son absolue nécessité en situation de crise ou de désastre, l'urgence n'a pas et ne saurait avoir le monopole de l'humanitaire légitime. Elle ne saurait réduire à son seul périmètre le champ autrement plus ample de l'action humanitaire.

10.

À la croisée des chemins

L'humanitaire est en voie de recomposition. Pour tout dire, il n'a jamais cessé de l'être, tant les débats en son sein ont été permanents depuis des décennies, et continuent de l'être. Reflets du monde tel qu'il est vécu, interprété, parfois anticipé, les enjeux de l'humanitaire se définissent à l'épreuve des événements, au regard du terrain, dans les flux et reflux des espoirs et des incertitudes d'une époque en mutation.

Si, grâce à l'action conquérante de ses militants et de ses volontaires, il est devenu un cadre de référence globalisé, les traitements inégaux des conflits au Kosovo, au Niger ou en Tchétchénie démontrent que l'avènement d'un prétendu ordre humanitaire international relève de l'illusion. L'humanitaire a échoué à devenir une idéologie de substitution, et on ne peut que s'en féliciter. Le principe d'ingérence semble promis à un avenir incertain mais d'autres acquis méritent d'être salués. Désormais, il sera plus difficile de perpétrer des abominations et de salir massivement la dignité des hommes sans encourir une réprobation planétaire, sans s'exposer à des ripostes de la communauté internationale. Depuis la création de la Cour pénale internationale, il sera plus difficile de massacrer en complète impunité.

Dans le même temps, l'action humanitaire s'est brouillée, devenant, selon le Dr Jacques Lebas, professeur de médecine humanitaire, « un phénomène complexe, traversé par beaucoup d'interrogations sur les limites de son champ d'intervention, et par les ambiguïtés dont il est en partie responsable[1] ». En effet, le vivier des acteurs s'est désormais dilaté, intégrant ONG, États, forces armées, agences onusiennes... Et l'humanitaire n'a plus pour seul théâtre les contrées lointaines, s'imposant également comme une réponse aux laissés-pour-compte ici, à côté de chez nous. C'est dans ce contexte inédit que s'est inscrit le tsunami.

L'humanitaire est à la croisée des chemins. À l'appui de cette affirmation, je voudrais simplement évoquer deux expériences récentes qui lui donnent un relief particulier. La première est celle que nous avons vécue lors de la catastrophe d'août dernier aux

1. Anas (Association nationale des assistants de service social), *Action sociale et action humanitaire*, ESF, 1999.

États-Unis. La seconde, plus personnelle, s'inscrit dans mon initiation à la Croix-Rouge.

« Help America »

Tel est le slogan de la grande campagne de communication que préparait pendant l'été 2005 la Croix-Rouge américaine. Une référence à peine voilée aux attentats du 11 septembre 2001 en même temps qu'un appel à la solidarité à l'égard des Américains dans le besoin. Le slogan sera pris de vitesse par le passage, le 29 août, de Katrina, ouragan de catégorie 5 lancé à près de 280 km/h sur la Louisiane, n'épargnant ni le Mississippi ni l'Alabama. Un territoire grand comme la moitié de la France est recouvert d'une épaisse couche d'eau. Les morts s'évaluent par centaines, des dizaines de milliers de personnes sont sans abri, pour des dégâts records estimés à plus de 100 milliards de dollars.

« Help America ». La Croix-Rouge américaine traduit en actes le nouveau commandement qu'elle s'est assigné en animant et en coordonnant les secours d'urgence aux côtés des pouvoirs publics. Ils se révèlent vite insuffisants, dépassés par l'ampleur écrasante de la catastrophe. L'Amérique retient son souffle. Dans les jours qui suivent le drame, la plus grande puissance du monde se montre impuissante à secourir les familles otages des eaux, à conjurer une situation proche du chaos. Les images témoignent d'une autre Amérique, plus proche du tiers-monde que de l'Amérique du mythique *American Way of Life*. Et après quelques tergiversations, le gouvernement américain se résout à l'impensable : lancer un appel à la solidarité internationale.

À peine huit mois après le tsunami, un nouvel élan de compassion mondialisée ébranle la scène internationale. La générosité afflue vers la nation la plus opulente que l'humanité ait connue. Des pays comme le Pakistan, le Venezuela, Cuba, le vieil ennemi américain reclus au large de la Floride, et même le Sri Lanka, qui n'a pourtant pas fini de panser ses plaies, proposent de faire un chèque. Au total, 118 pays et 12 organisations internationales coalisent leur aide pour un montant de plus de 700 millions d'euros. Par le biais de la FICR, la Croix-Rouge américaine demande l'aide de quatre-vingts logisticiens anglophones. Vingt sont envoyés par la Croix-Rouge française.

Aux États-Unis comme dans l'Asie de l'après-tsunami, malgré l'afflux massif d'argent en signe de solidarité [1], il faudra des semaines, des mois, et sans doute des années pour effacer les stigmates de ce drame, reloger les familles, reconstruire maisons et infrastructures, rendre à La Nouvelle-Orléans ce

1. Notons que cette générosité à l'égard des États-Unis a pour l'essentiel transité par les États, alors qu'elle a surtout été le fait d'une mobilisation citoyenne après le tsunami.

charme désuet qui en faisait l'attraction des touristes du monde entier.

Paysages de France

Sur le plan des séductions touristiques, de la variété de ses paysages, de la richesse de son patrimoine, la réputation de la France n'est plus à faire. Mais c'est une France tout autre que j'ai entrepris de rencontrer, de « vivre de l'intérieur », au lendemain de mon élection à la présidence de la Croix-Rouge française. En effet, celle-ci m'offrait un prisme sur des réalités sociales et humaines que je connaissais par mes engagements plus anciens, notamment mon engagement médical, mais que je n'avais pu véritablement approfondir dans toute leur diversité.

Les premiers mois de mon mandat m'ont ainsi permis de faire le tour d'une certaine France qu'on ne voit pas, ou peu, ou mal. La France des exclus, bien sûr ; la France des migrants, qui conjuguent le plus souvent douleur de l'exil et détresse sociale. La France des détenus et de leur famille en attente de parloir. La France des personnes malades, physiquement mais aussi psychologiquement. La France des enfants pauvres, des familles monoparentales et des foyers éclatés, en morceaux. La France des illettrés. La France des personnes handicapées, pour lesquelles je poursuis un vieux combat par d'autres moyens. La France des personnes âgées, isolées, dépendantes, en fin de vie. La France des blessés et des meurtris.

Cette autre France épouse une géographie incertaine. Elle s'entrelace avec notre société, mais par des liens ténus, parfois tout proches de la rupture. Des liens qu'il nous appartient de renforcer, de démultiplier, de faire vivre.

Ces rencontres n'appellent pas seulement un geste, une parole, un réconfort. Elles exhortent aussi à une forme de résistance à un temps qui s'emballe, à des rythmes de vie qui s'accélèrent, engendrant étourdissements et indifférence, au triomphe exclusif de l'urgence. Elles m'ont confirmé dans la nécessité d'appréhender l'humain dans sa globalité, en se défiant des visions qui cloisonnent et des certitudes qui enferment. Ces paysages de France ont pour vertu d'aiguiser l'esprit de combat, d'ouvrir à l'intelligence de l'autre et de tracer des voies d'engagement.

Au terme du processus historique que nous venons de retracer, j'ai le vif sentiment que le temps est venu de revisiter l'essence de l'action humanitaire. Une direction nous est donnée par Jacques Lebas lorsqu'il déclare : « Les missions confiées à l'humanitaire se diversifient de jour en jour. Mais le message du sens des valeurs est parfois emporté par l'impératif de l'urgence, l'impératif brutal du faire et du montrer[1]. »

1. Anas, *Action sociale et action humanitaire*, *op. cit.*

La question du sens et des valeurs est assurément la base de toute réflexion sur l'humanitaire. C'est elle qui peut nous munir d'une grille de lecture et de modes d'action dans le monde déboussolé qui est le nôtre, un monde où l'improbable peut surgir à tout moment, comme l'ont montré les conséquences de l'ouragan Katrina.

Sans prétendre à devenir une idéologie, l'humanitaire peut proposer une vision de son engagement dont la seule urgence ne saurait rendre compte. Quant aux valeurs, je retiendrai en priorité ce principe qu'a su incarner avec exaltation Henry Dunant, il y a cent quarante-six ans : le principe d'humanité. Parce que c'est bien l'humain qu'il s'agit de promouvoir, dans sa plénitude.

Partie III

LA VIE DEVANT SOI

11.

L'humanitaire en question

Aux passions idéologiques du siècle dernier a succédé un désenchantement qui démonétise les grandes croyances communes, les systèmes mobilisateurs qui donnent du sens à la vie. Il s'en dégage un individualisme qui, s'il s'est avéré libérateur au regard des illusions collectives du passé, porte en lui les poisons mortels que sont l'égoïsme féroce (le repli sur soi), le cynisme[1] (la destruction des valeurs) ou le nihilisme (le culte du néant).

Le champ humanitaire est affecté par cette configuration nouvelle. Après l'euphorie des années 1990, des envolées lyriques, puis les échecs cuisants du Rwanda, de la Bosnie, de la Sierra Leone ou encore du Liberia, où la réponse humanitaire a surtout servi à

1. Qu'Oscar Wilde définit avec esprit comme la propension à « *connaître le prix de tout et la valeur de rien* ».

masquer la démission politique face aux crises, l'humanitaire semble victime de son succès. Même si son pouvoir d'attraction reste intact lors de drames majeurs, comme ce fut le cas avec le tsunami, l'intérêt qu'il suscite s'est affadi, comme dilué, alors même que l'humanitaire s'institutionnalisait. Depuis quelques années, on parle de la « fatigue des donateurs » pour exprimer une lassitude du grand public devant les crises à répétition. Pour signaler sans doute aussi que les relations entre humanitaires et donateurs, entre humanitaires et citoyens, ne correspondent pas (ou plus) forcément aux attentes de ces derniers. Nous y reviendrons.

Ajoutons à cela que, dans les esprits, l'espace humanitaire est devenu trouble. États, forces armées, organisations internationales et même certaines entreprises l'ont annexé dans leur champ de communication, générant une certaine confusion. Signe de cet embrouillamini très contemporain, l'embrigadement de l'humanitaire dans la lutte contre le terrorisme. Ainsi, dans le projet de Constitution européenne, l'aide humanitaire était placée au rang des instruments de la politique européenne de sécurité et de défense... On pourrait pour le moins en discuter.

En réaction aux excès passés, qu'ils ont subis plus que voulus, les acteurs humanitaires traditionnels se concentrent sur ce qui fait leur raison d'être : le terrain. Il en est de même en France, où les prises de parole contre la grande pauvreté semblent plus ouatées, ou moins médiatisées, les consortiums d'associations plus discrets, notamment depuis la loi sur les exclusions de 1998, qui permit des avancées significatives dans le traitement de la grande précarité sans toutefois en juguler les causes.

Quel sens a l'action humanitaire ?

Cette question sempiternelle vaut d'être posée une fois encore. Pas seulement parce qu'elle suscite autant de réponses que ce champ d'action compte d'opérateurs, mais aussi parce que le débat entre urgence et durée qui a rebondi lors du tsunami mérite d'être ici clarifié.

À la source de l'humanitaire est un socle moral, que Rony Brauman résume par une phrase tirée de Levinas : « Ne pas laisser autrui seul, fût-ce en face de l'inexorable[1]. » Et de poursuivre par une définition évocatrice : « L'action humanitaire vise à préserver la vie dans le respect de la dignité, à restaurer l'homme dans ses capacités de choix. Elle est mise en œuvre pacifiquement et sans discrimination par des organismes indépendants, impartiaux [j'ajouterais ici « neutres »], dans le contexte d'une crise, c'est-à-dire de la rupture d'un équilibre antérieur[2]. »

La mission de protection est en effet essentielle. Celle de « restauration », de réparation aussi. Mais

1. *Encyclopaedia Universalis*, 1993.
2. *Ibid.*

peut-on concevoir cette dernière dans la seule urgence, qui constitue à bien des égards un véritable carcan de l'instant court ? Cette notion n'appelle-t-elle pas celle, voisine, de reconstruction ? Il faut aider à reconstruire les personnes, et donc leur rendre la vie « possible » parce que digne. Telle est ma conviction. Telle est la signification de ce que j'appelle l'action humanitaire durable.

La compétence de l'humanitaire, c'est l'humain, pris dans sa globalité. L'humain, comme un autre soi-même. Comme un visage qui oblige. Comme un membre d'une même famille qu'est l'humanité. Plus concrètement, je considère que toute personne aidée ne doit pas l'être uniquement au motif d'un besoin spécifique immédiat (blessure, maladie, indigence...), mais au regard de déterminants qui la rendent universelle : la vie, la souffrance, la joie, l'amour, l'aspiration au bonheur.

En cela, l'action humanitaire ne peut se limiter au fait de sauver des vies menacées. Elle est une action qui se noue entre deux consciences humaines. Elle n'est véritablement elle-même que lorsqu'elle consiste à créer les conditions d'un équilibre personnel retrouvé. Elle ne remplit pleinement son office que lorsqu'elle permet à chaque bénéficiaire de se relancer, d'être en mesure de « vivre sa vie ». Elle ne se réalise vraiment que lorsqu'elle permet à chaque personne d'avoir au moins un toit, une instruction, un accès aux soins, une activité productrice de revenus suffisants pour satisfaire les besoins d'une famille. Elle ne donne sa mesure qu'en prolongeant le combat pour la survie par un engagement pour la vie.

Unité de vue

Qu'on ne se méprenne pas sur l'idée de durabilité. Je le répète, il ne s'agit pas de militer pour une assistance humanitaire conçue pour se perpétuer. Au contraire ! Sa vocation est naturellement de se dissoudre une fois les objectifs atteints. Dès que possible. À la différence du concept cousin de développement durable, qui entend concilier dans le temps croissance économique et respect de l'environnement, l'humanitaire ne doit être durable que dans les effets recherchés. Une durabilité qui se mesure à l'aune de critères : capacités de choix restaurées, d'autonomie retrouvée, de projets et d'espoirs (r)éveillés.

En un mot, l'action humanitaire durable dépasse tout en l'intégrant la seule urgence pour conduire le combat contre ce qui avilit, conjurer les facteurs qui fragilisent, permettre à chaque enfant, chaque adulte, d'avoir la vie devant soi.

L'action humanitaire apporte l'espérance, or il n'y a d'espérance qu'en pensant à demain ; l'espérance a besoin de temps.

L'humanitaire durable n'est pas une idée neuve, créée *ex-nihilo*. Tout spécialiste, connaisseur et vieux routard de l'humanitaire l'a noté : elle ne fait que reprendre, articuler, conceptualiser des pratiques qui préexistent, parfois depuis fort longtemps, sans vraiment avoir fait l'objet d'une unité de vue. Je me suis aperçu de la préexistence de ces pratiques lors de mon arrivée à la présidence de la Croix-Rouge française. Mais c'est d'abord avec le tsunami que j'en ai saisi la pertinence, avant d'étendre ce cadre de référence à la quasi-totalité des actions conduites par l'association, dont le plus clair de l'engagement se passe ici, dans la proximité.

*

* *

Cette vision de l'humanitaire se veut ample, ouverte, pragmatique. L'énergie qu'elle demande va de pair avec la modestie qu'elle exige. Parce que la tâche est immense, au-delà de la portée d'un acteur isolé et prétendu omnipotent. La rupture d'équilibre dont parle Rony Brauman ne peut se limiter aux seules guerres et catastrophes. Elle donne son sens à l'humanitaire en ce qu'elle embrasse un champ bien plus large, un défi plus universel à relever : celui des vulnérabilités, lointaines ou à nos portes.

12.

Le défi millénaire de la pauvreté

« Les ressources et les technologies actuellement disponibles font de nous la première génération qui peut réellement faire du droit au développement une réalité pour tous et mettre l'humanité entière à l'abri du besoin [1]. »

Relayant la Déclaration du millénaire des Nations unies adoptée en 2000, 191 États s'engagent aujourd'hui à réaliser ce que la sémantique onusienne nomme les Objectifs du millénaire pour le développement (OMD). De quoi s'agit-il ? Rien moins que de réduire de moitié l'extrême pauvreté et la faim, garantir l'éducation primaire pour tous, promouvoir l'égalité hommes-femmes et l'autonomie de ces dernières, réduire la mortalité infantile, améliorer la santé

1. Kofi Annan, extrait de son rapport « Dans une liberté plus grande », 2000.

maternelle, combattre le sida, le paludisme et d'autres maladies, assurer un environnement durable, mettre en place un partenariat global pour le développement. Horizon fixé : l'année 2015.

L'homme n'a jamais été aussi fragile et pourtant le voilà qui proclame son désir de rebâtir le monde !

L'ambition est prométhéenne. Elle compile et synthétise les grandes déclarations qui ont ponctué les conférences internationales émaillant les années 1990. Si bien que les plus incrédules y voient déjà l'expression renouvelée des intentions généreuses auxquelles les États membres souscrivent à échéances régulières, mais qui se révèlent trop souvent inopérantes à l'épreuve des faits. Les bonnes intentions et les non moins bonnes résolutions ont surtout pour effet de donner bonne conscience. Il demeure que, en ce début de millénaire, la volonté manifestée ainsi par l'ensemble de la communauté internationale doit éveiller notre plus vif intérêt. D'abord parce que après des décennies d'espoirs déçus, de rendez-vous manqués, on a encore envie d'y croire, avec la foi du charbonnier. Ensuite parce que ces objectifs jettent une lumière crue sur l'ampleur des vulnérabilités, terre d'élection de l'humanitaire, et désignent le fauteur principal des désordres et des abjections qui menacent la planète : la pauvreté.

Pour s'en donner une idée, il suffit de se reporter aux dernières données chiffrées, ahurissantes, qu'égrènent les statisticiens des Nations unies.

La pauvreté, mère de tous les maux

« Toutes les heures, plus de 1 200 enfants meurent loin de l'attention des médias. Cela équivaut à trois tsunamis par mois, frappant les citoyens les plus vulnérables du monde, les enfants[1]. » Le chiffre fait froid dans le dos et soulève l'indignation des dirigeants du Programme des Nations unies pour le développement (PNUD).

Certes, tempère aussitôt le rapport, « la pauvreté a été réduite et les indicateurs sociaux se sont améliorés », notamment en Inde et en Chine, deux pays qui abritent à eux seuls près du tiers des habitants de la planète. Il se félicite également de ces fameux Objectifs du Millénaire pour le développement (OMD), qui inscrivent avec force la lutte contre la pauvreté comme une priorité absolue, en témoignent les mesures d'allégement et d'annulation de la dette des pays pauvres prises par le G8. En attestent aussi les engagements pris par les pays riches de tendre vers l'objectif de 0,51 % de leur PNB consacré à l'aide publique au développement en 2010, afin d'atteindre au moins un total de 100 milliards de dollars à cette date contre 79 milliards aujourd'hui.

Mais ces satisfecit sont de courte durée. Les flèches acérées, sous forme de chiffres bruts, ne tardent

1. Rapport mondial sur le développement humain, 2005.

pas à tomber : « Depuis 1990, l'accroissement de la prospérité dans les pays riches ne s'est pas traduit par une hausse de la générosité : le revenu par habitant a augmenté de 6 070 dollars, tandis que l'aide par habitant a diminué de 1 dollar. » Une manière de dire que la prospérité s'est opérée à sens unique, sans mécanismes minimaux de transfert. Le PNUD multiplie les comparaisons provocantes pour illustrer les inégalités criantes du monde contemporain : « Pour 1 dollar alloué à l'aide, 10 sont affectés aux budgets militaires. » Plus loin : « Les recherches actuelles sur le VIH/SIDA, une maladie qui cause 3 millions de morts chaque année, représentent 3 jours de dépenses militaires. » Ou encore : « Les 7 milliards de dollars requis chaque année pendant la prochaine décennie pour assurer à 2,6 milliards d'individus l'accès à l'eau potable représentent moins que ce que les Européens dépensent en parfum et moins que ce que les Américains dépensent en crème glacée... ». Et bien sûr : « Les 500 personnes les plus riches du monde ont un revenu combiné plus important que celui des 418 millions les plus pauvres. »

Ce ton délibérément incisif, direct, le PNUD en a fait sa « marque de fabrique ». Il exprime le caractère insupportable, à l'heure du village planétaire, des effets dramatiques que génère la pauvreté chez les déshérités de notre humanité.

Plus de 2 milliards de personnes vivent avec moins de 2 euros en poche chaque jour. Parmi elles, plus de la moitié exercent pourtant un travail...

815 millions de personnes souffrent de la faim ; sur les 11 millions d'enfants qui mourront avant leur cinquième anniversaire (soit 30 000 par jour !), la moitié succomberont à la malnutrition.

Près de 1 milliard de personnes vivent dans un bidonville, dans des conditions caractérisées par la promiscuité, le manque d'emplois, la précarité, l'insalubrité et l'insécurité générale ; la tendance ne fait que s'aggraver au rythme d'une urbanisation sauvage galopante à l'échelle mondiale.

La planète compte 629 millions de personnes âgées, dont la majorité vit sans retraite ni couverture sociale ; dans cinquante ans, cette population atteindrait 2 milliards et serait pour la première fois plus nombreuse que la population jeune. C'est évidemment une impasse ! En Europe par exemple, si rien n'est fait rapidement, ce problème se révélera particulièrement aigu. Le déclin de la population active a déjà commencé : on prévoit 20,8 millions d'actifs en moins d'ici à 2030 [1]... Avec quel impact sur la solidarité entre les générations ?

115 millions d'enfants n'ont pas accès à l'école et se voient ainsi privés des clés indispensables pour bâtir leur avenir. Nous avons pourtant une belle convention internationale sur les droits de l'enfant...

1. Livre vert *Face aux changements démographiques, une nouvelle solidarité entre générations*, Commission des communautés européennes, mars 2005.

Quelque 2,6 milliards d'enfants et d'adultes ne disposent ni de toilettes, ni d'équipements sanitaires élémentaires ; la diarrhée emporte des centaines de milliers d'enfants chaque année.

500 000 femmes décèdent tous les ans pendant la grossesse ou l'accouchement, faute de structures d'obstétrique ou d'accès à des moyens de contraception efficaces ; et elles sont près de 10 millions à être atteintes de lésions ou d'invalidités graves après avoir donné naissance...

Le paludisme tue plus de 1 million de personnes par an, dont beaucoup d'enfants au simple motif qu'ils n'ont pas de moustiquaire. Alors qu'il existe un vaccin, la rougeole raye de la carte 500 000 êtres humains chaque année ; la tuberculose, 1,7 million...

Le sida, « *la pire maladie que l'humanité ait connue*[1] », a contaminé 39 millions de personnes, dont 4,9 millions pour la seule année 2004 ; 3,1 millions en sont mortes l'an dernier ; 15 millions d'enfants dont les quatre cinquièmes vivent en Afrique subsaharienne ont perdu au moins l'un de leurs parents à cause de cette épidémie...

Ces chiffres donnent le tournis. À force d'être ressassés, ils semblent irréels tant sont béants les espaces de souffrances qu'ils recèlent. Ils sont inhumains en ce que l'homme ne peut se mesurer à eux. Comme pédiatre, je ne peux me résoudre aux statis-

1. Selon l'expression de Peter Piot, directeur exécutif d'Onusida.

tiques et aux pourcentages. Je n'accepte pas l'idée que sur le nombre on puisse considérer des morts comme inéluctables, voire normales. C'est en cela que la clinique diffère de la santé publique, et l'humanitaire du développement.

La pauvreté a ceci d'intolérable qu'elle se ramifie en une multitude de drames personnels, d'épreuves anonymes, de désespoirs inexprimables. Elle se nourrit de cris muets, de destins brisés, de nuques courbées, de paupières fermées, d'humiliations... L'humiliation, dont Malraux disait très justement qu'elle est le contraire de la fraternité.

« Il ne fait aucun doute qu'en tant que communauté mondiale nous disposons de moyens suffisants pour éradiquer la pauvreté et pour éliminer les profondes inégalités qui divisent les pays et les peuples », répète le PNUD dans son rapport de 2005.

Le combat est crucial. Et il résonne puissamment avec les enjeux et finalités propres de l'action humanitaire durable.

Faits humanitaires pour effets durables

Les exemples d'action donnés dans ce chapitre et dans les suivants ont la particularité d'être modestes, aux antipodes des grandes productions altruistes et des techno-parades de la solidarité toute-puissante. Cette modestie est paradoxale, lorsqu'on considère l'envergure des Objectifs du millénaire. Mais selon moi, l'humanitaire est ainsi fait que son action est localisée, à taille humaine.

Ces exemples proviennent pour l'essentiel d'expériences de la Croix-Rouge française. Ils pourraient assurément être applicables à bien d'autres associations, en France ou ailleurs. Leur force première, c'est qu'ils expriment combien l'humanitaire naît de la décision de femmes et d'hommes qui en ont fait leur combat ; de même que sa perpétuation repose sur leur engagement. Ces femmes et ces hommes, tels que je les ai rencontrés et écoutés, sont l'honneur et l'énergie de notre idéal de solidarité. Je veux leur dire l'admiration qu'ils éveillent en moi et la stimulation forte que je ressens à leur contact.

Contre le sida, le choix de la vie

« Tu resteras dans mon cœur telle que je t'aimais / Et t'aimerai toujours, douce, tendre, indulgente / La plus belle pour moi, qui n'oublierai jamais / La chaleur de tes bras et ta voix apaisante. Mère, tu as vieilli, je ne l'ai jamais su / Je te voyais toujours de mes yeux de l'enfance / Le temps passe trop vite et tu as disparu / Et mon cœur s'est durci au froid de ton absence. »

Ce poème poignant a été écrit en 2002 par une jeune fille orpheline de ses deux parents emportés par le sida. Contaminée elle aussi, elle l'a dédicacé au médecin-chef du centre de traitement ambulatoire

(CTA) de Libreville (Gabon). Elle a succombé à la maladie le 17 août 2003. Elle avait 14 ans.

À l'époque, le CTA n'avait pu lui dispenser les fameux antirétroviraux (ARV) qui, s'ils ne guérissent pas, peuvent permettre aux malades de retrouver une vie presque normale. La situation a changé avec l'arrivée des génériques et de médicaments moins chers, la communauté internationale devenant plus consciente de la nécessité de s'engager dans la prévention mais aussi le traitement de la maladie. La création du Fonds mondial contre le sida, le paludisme et la tuberculose s'inscrit également dans cette démarche dictée par l'urgence. Les besoins n'en demeurent pas moins gigantesques, notamment en Afrique subsaharienne où la pandémie tue chaque jour près de 8 000 personnes, tandis que près de 5 millions de malades n'ont pas accès à la thérapie antirétrovirale[1]. L'espérance de vie dans un pays comme le Botswana a chuté de 31 ans[2]... Ce fléau annule toute perspective de développement dans de nombreuses régions.

Aujourd'hui les médicaments existent et permettraient, moyennant un renforcement des structures de santé, d'inverser cette épouvantable tendance mortifère. Ce qui avait fait dire au Pr Marc Gentilini, mon prédécesseur à la présidence de la Croix-Rouge fran-

1. Chiffre qui compromet d'ores et déjà l'objectif fixé par l'OMS de 3 millions de personnes traitées en 2005...

2. PNUD, rapport mondial sur le développement humain, 2005.

çaise et président-fondateur de l'Organisation panafricaine de lutte contre le sida : « Il faut en finir avec les générations sida sacrifiées, privées d'espoir et de raisons de vivre. Nous sommes à une étape charnière, dans laquelle notre responsabilité est engagée. Nous sommes à un tournant moral, qui ne se négocie pas. »

C'est lui qui a élaboré et lancé le premier centre de traitement ambulatoire en République du Congo. Structure souple à charges de fonctionnement réduites, intégrée au système de santé des pays, le CTA fonctionne comme un dispositif global associant prévention, traitement, accompagnement psychosocial, nutritionnel et communautaire. Animé par des professionnels locaux, il sert aussi de pôle de formation pour renforcer les compétences. Le réseau qu'il constitue en Afrique (11 centres, répartis dans 7 pays), enrichi de deux unités au Cambodge, permet d'assurer le suivi d'un peu plus de 12 000 personnes séropositives. Une part bien faible au regard de l'ampleur de la maladie. Une victoire au quotidien, pourtant, pour celles et ceux qui en sont les animateurs.

Tel est le cas du CTA de Libreville. Sur les 2 500 patients suivis, 500 sont sous ARV et le centre est devenu pilote à l'échelle du pays, où deux nouvelles unités ont été ouvertes en 2004. « Notre mission est de veiller à la qualité des soins mais aussi d'humaniser la prise en charge, et créer ainsi un esprit de famille », explique le médecin-chef. Il ne s'agit pas de paroles gratuites. Ici, l'entraide, le soutien mutuel, la solidarité communautaire sont la règle. Et l'accès aux ARV, une délivrance.

En témoigne cette mère atteinte du virus et qui élève six enfants. Le dernier est également séropositif. À 3 ans, sa santé bascule. Il contracte la tuberculose. Commence alors un traitement qui va durer neuf mois. « La cure n'a rien donné. L'un de ses poumons était complètement fini. À chaque fois qu'il riait ou qu'il pleurait, il avait une grosse toux. Puis on lui a fait des injections, chaque jour pendant deux mois. » Son poids tombe à 12 kg et il est transporté au CTA de Libreville. Là, il convulse et perd conscience. « Il n'avait plus de veines, on a dû le piquer par la jugulaire », se souvient sa mère. Considéré comme perdu, il reçoit un traitement le même jour. Il rebascule enfin de l'autre côté, celui de la vie. Aujourd'hui, il a 5 ans et reprend du poids. « Il est très agité, comme s'il rattrapait le temps perdu. C'est lui qui me rappelle qu'on doit prendre les médicaments. Alors on les prend ensemble, chaque jour que Dieu nous donne. »

Formidable exemple d'action humanitaire durable que de donner aux patients la possibilité de revivre tout en assurant la promotion des règles d'une prévention efficace. Bel exemple de ce qui est la vocation même de l'humanitaire durable : prévenir l'irréparable et améliorer les conditions de vie.

Éthiopie, pendant la famine de 1983-1984

Alors que les images d'enfants décharnés et de familles faméliques font le tour du monde, les organisations internationales parviennent, malgré nombre d'obstacles et de difficultés, à mettre en place des camps d'alimentation où affluent des familles affamées. Ces efforts permettent ainsi de nourrir et de sauver des dizaines de milliers de personnes. Revers de la médaille, ces camps surpeuplés favorisent l'apparition et la diffusion de maladies et créent une dépendance de celles et ceux qui bénéficient des distributions alimentaires. En raison de l'éloignement, beaucoup de familles se sont retrouvées dans l'incapacité de profiter de la pluie pour relancer leur activité agricole. D'où une dépendance à l'égard de l'aide prolongée d'une saison.

Pouvait-on faire autrement, dans un contexte aussi troublé ? Même difficile, même imparfait, le choix des camps n'était-il pas la seule solution dictée par l'urgence ? Pas si sûr, selon Mary B. Anderson[1], comme le montre l'exemple d'une ONG qui au contraire des autres encouragea les familles à regagner les foyers, promettant d'acheminer l'aide le plus près possible des villages. Les habitants dont la santé le permettait participèrent à la construction de routes avec leurs outils rudimentaires, aidés en cela par un

1. *Des choix difficiles*, *op. cit.*

ingénieur mis à disposition de l'ONG. D'autres orchestrèrent les convois d'ânes pour acheminer les vivres dans les villages isolés, à partir d'entrepôts improvisés dans des bâtiments communautaires. Et lorsque vint enfin la pluie, tout était prêt pour procéder aux semailles et regagner les moyens d'une autonomie. Mary B. Anderson conclut ainsi : « Le temps libre, les pierres, les outils, les structures communautaires et les ânes représentaient autant de capacités indigènes qui, associées aux vivres fournis par les partenaires extérieurs, permirent à la population de survivre à la situation d'urgence et d'être prête à la reconstruction et au développement [1]. »

Algérie, sur le chemin du renouveau

Comment réapprendre à apprivoiser l'avenir après dix ans de violences traumatiques, dix ans marqués par un terrorisme aveugle et sanglant ? À cette question complexe ont répondu nombre d'initiatives de terrain, parmi lesquelles la mise en place par le Croissant-Rouge algérien, soutenu par sa société sœur française, d'un réseau de centres d'apprentissage pour femmes victimes de violences. Ces dispositifs socio-éducatifs ne visent pas seulement à enseigner un métier (la couture et la coiffure pour l'essentiel) mais permettent à des jeunes filles exclues du système classique,

1. *Des choix difficiles*, *op. cit.*

souvent abandonnées à leur sort, de s'ouvrir au monde dans un esprit de famille. L'une d'elles, 18 ans, témoigne : « Avant de venir ici, cela faisait trois ans que je ne sortais presque pas de chez moi. Mes deux parents ne travaillent pas et je ne peux pas me payer les cours. Heureusement, la directrice me prend quand même. Les voisins et quelques amis nous permettent de tenir. Mon rêve, c'est d'apprendre un métier. Je suis l'aînée de sept enfants et je voudrais pouvoir aider ma famille. » Ces jeunes filles, souvent très pauvres, parfois illettrées, attendent d'abord de l'attention et de la douceur. Elles sont les réprouvées d'une société qui les a longtemps ignorées. Et pour le président du Croissant-Rouge algérien, l'utilité de ces centres n'est plus à démontrer : « Ne nous y trompons pas, ces centres sont des outils d'avenir pour l'insertion des plus démunies, mais aussi pour redynamiser la société civile. »

Laos, la santé pour enjeu vital

Peu nombreux sont ceux qui se préoccupent des populations rurales du Laos, pays qui figure pourtant parmi les plus pauvres du monde. Dans ce territoire enclavé et montagneux, à majorité rurale, la culture du riz reste l'une des rares activités productrices de revenus. Les systèmes d'eau et d'assainissement ainsi que les notions élémentaires d'hygiène et de santé font cruellement défaut. Moins de 50 % de la population est approvisionnée en eau, avec pour corollaire funeste un taux de mortalité infantile élevé. Des solutions existent, à l'exemple d'un programme en cours dans deux provinces du Nord-Ouest visant à aider les villageois à répondre à leurs besoins primaires et leur permettre ainsi d'accéder à une réelle autonomie. Première phase : parer au plus pressé par la création d'un dispositif d'assainissement visible (latrines, forages...) associant les communautés afin d'améliorer très vite les conditions de vie. Deuxième volet : profiter du dialogue communautaire pour transférer aux villageois la gestion de la maintenance des installations, *via* un fonds collecté et géré par la population. Troisième étape : mettre sur pied une équipe de formateurs chargés de l'éducation à la santé, à l'hygiène et aux gestes qui sauvent. Le processus est lancé. Si tout se passe bien, en 2006, les villageois de ces régions oubliées du monde seront mieux armés pour prendre leur avenir en main.

Ces exemples constituent-ils des gouttes d'eau ? Sans doute. Ils donnent à voir cependant un engagement qui s'élabore à la base et s'attaque à la racine de chaque vulnérabilité. Ils s'inscrivent dans une myriade d'initiatives de même nature qui, mises bout à bout, dessinent un réseau d'aide et d'accompagnement dont l'impact est primordial. Les acteurs humanitaires tissent patiemment cette toile de solidarité qui empêche un grand nombre de personnes de se dissoudre corps et biens. Il faut aller plus loin, bien sûr. Notamment dans cette région que l'on retrouve systématiquement dans l'atlas des vulnérabilités : l'Afrique subsaharienne.

Refus de l'« afro-pessimisme »

Sida, paludisme, malnutrition, mortalité infantile, conflits, déliquescence sociale et politique... Si cette partie du monde devait être frappée de malédiction, celle-ci pourrait difficilement avoir effets plus corrupteurs que ceux constatés aujourd'hui. En 1975, si l'on compare le revenu (PIB) par habitant dans le monde selon les zones, on s'aperçoit que l'Asie de l'Est, la zone Pacifique et l'Asie du Sud étaient alors bien en dessous (du simple au double) du niveau atteint par l'Afrique subsaharienne (environ 2 000 dollars par habitant et par an). En vingt-cinq ans, ce niveau n'a cessé de s'éroder pour l'Afrique subsaharienne, alors que les zones les plus pauvres ont à l'inverse décollé : l'Asie de l'Est par exemple a multiplié par quatre son niveau de revenu dans la même période [1]. De 1980 à 2000, la part de la population vivant avec moins de 1 dollar par jour a heureusement chuté dans toutes les régions du monde, et de façon impressionnante en Asie, Chine comprise. Toutes les régions du monde... sauf l'Afrique subsaharienne, où ce pourcentage est même monté à 50 % de la population en 2000 ! Il n'y a pourtant pas de fatalité, et tout « afro-pessimisme »

1. Source : Banque mondiale.

relève d'une posture statique qui n'apporte rien de constructif mais occulte ce que cette région secrète de capacités et de trésors. Le chemin sera long, néanmoins, tant ses indicateurs de développement humain peinent à décoller, voire régressent... Et l'on sait que l'absence de progrès rapide, sur ce plan, coûte des vies.

*

* *

Le rapport du PNUD conclut : « Pour parler franchement, le monde se dirige tout droit vers une catastrophe annoncée au niveau du développement humain dont les coûts se compteront en décès évitables, en enfants non scolarisés et en occasions perdues de réduire la pauvreté. » Parce que la pauvreté constitue bien une catastrophe. Une catastrophe contre laquelle l'action humanitaire durable a un rôle à jouer, avec ses moyens, à hauteur d'humain, pour inverser les tendances mortifères et éviter que des millions de vies humaines ne soient passées par pertes et profits.

Chacun le sait aussi, la pauvreté offre un terreau fertile aux extrémismes, aux discriminations et à l'intolérance. En retour, discriminations et intolérance constituent de redoutables facteurs de blocage à l'émancipation humaine et sociale. Nul doute que la pauvreté interagit avec cette insécurité globale qui constitue l'une des caractéristiques de ce début du XXIe siècle.

13.

Le temps des menaces globales

Délinquance sans frontières, circulation d'armes, économie criminelle de la drogue, nouvelles maladies (sida mais aussi « vache folle » ou grippe aviaire), intégrismes, terrorisme... Une forme nouvelle de violence virtuelle s'insinue dans les esprits et aiguise insensiblement les craintes dans les pays du Nord, notamment depuis les attentats du World Trade Center, de Madrid et de Londres. Comme si les déchirements du Sud commençaient à s'exporter clandestinement dans les pays occidentaux, tirant profit des interstices laissés vacants par la mondialisation.

La dissémination de la violence

Les conflits locaux ou régionaux d'aujourd'hui frappent essentiellement des pays pauvres aux structures étatiques faibles ou en faillite. Les civils en paient le prix lourd, soit 13 millions de morts entre 1994 et 2003. En République démocratique du Congo, les décès imputables à la guerre dépassent aujourd'hui les pertes subies par la Grande-Bretagne pendant les deux guerres mondiales réunies [1]. Sans une action énergique, l'enchaînement des afflictions peut être sans fin. Les conflits nuisent à la nutrition, sapent les structures de santé, détruisent les systèmes éducatifs, annulent toute perspective de développement économique ; autant de conséquences qui deviennent à leur tour des causes de la perpétuation des tensions belliqueuses. Sans parler des vulnérabilités provoquées directement par les guerres : 37 millions de réfugiés et de déplacés de la planète en savent quelque chose, venant grossir de façon démesurée les masses d'affamés et de laissés-pour-compte.

Les pays occidentaux ne sont pas épargnés par ce que le journaliste Jean-Claude Guillebaud appelle « le mol ensauvagement » de la société. Notre époque est inquiète, la cohésion menacée, le tissu social morcelé. Il en résulte une dissémination de la violence verbale et physique, un amoindrissement des attitudes de respect et de bienveillance. Malaise dans la civilisation ? Au Nord comme au Sud ? C'est incontestable, même s'il convient de ne pas noircir inutilement le tableau.

1. PNUD, Rapport mondial sur le développement humain, 2005. Autre donnée qui en dit long sur ces conflits dits de basse intensité et sur la propagation de la violence partout dans le monde : les armes de poing font plus de 500 000 morts chaque année...

Concourir aux réconciliations

L'action humanitaire n'a pas le pouvoir de ressouder les communautés divisées, ni de régler les accès de violence. Ce serait trop beau. Malgré les mobilisations de ces dernières années, nous avons vu qu'elle était impuissante à corriger les déséquilibres et à éteindre les foyers de violences qui affectent la planète. Par contre, ses missions de protection et sa présence auprès des plus fragiles, la diffusion de ses valeurs et principes et sa volonté de permettre aux personnes de sortir de la pauvreté lui confèrent une fonction pacificatrice. Son impact est indirect mais réel. Dans ce domaine, les symboles ont un sens. Même lorsqu'il s'agit de micro-actions.

Kosovo, village de Laplje Selo, mars 2002. Militaires des forces de l'OTAN, dignitaires orthodoxes, représentants de l'ONU, personnalités locales, médias... se pressent à l'entrée d'un modeste bâtiment bordé d'une rangée d'infirmières pour ne pas manquer le rendez-vous : l'inauguration d'un hôpital dans l'enclave serbe de Gracanica, point d'orgue d'une mobilisation exceptionnelle qui a débuté trois ans plus tôt avec le drame des réfugiés kosovars. Depuis les frappes aériennes et l'intervention humanitaire massive de 1999, le Kosovo est à reconstruire. Et les communautés à réconcilier. La tâche est rude, tant les haines restent vivaces et les violences prêtes à ressurgir au moindre relâchement de la communauté internationale. Un contexte rendu plus sensible encore par une situation socio-économique précaire : les deux tiers des Kosovars vivent dans la pauvreté. Aussi, après un engagement humanitaire intense dans la région ainsi que dans les pays limitrophes, l'inauguration de cet hôpital, fruit d'un travail patient et difficile, sonne un peu comme une victoire. Celle d'un établissement de santé qui incarne une culture médicale empreinte d'humanité et d'impartialité. Le signe d'une réparation achevée, et l'espoir d'une réconciliation à sceller. Une graine de paix est semée. Il en faudra des milliers d'autres, toujours incertaines et soumises aux aléas propres à chaque situation. Mais telle est aussi la mission de l'humanitaire.

Autrement plus complexe, en revanche, est la nécessité de composer avec le climat et l'environnement. Il le faudra bien pourtant, tant se dessine avec des contours de plus en plus précis une autre menace globale, potentiellement la plus destructrice que nous ayons jamais eu à affronter.

Dérèglements climatiques et catastrophes

En quelques années, le réchauffement climatique est devenu une sorte de matrice aux périls susceptibles de marquer les prochaines décennies. Cette question climatique n'est évidemment pas sans incidence sur les équilibres politiques, sociaux et humains dans le monde.

Pour s'en convaincre, il suffit de se plonger dans le rapport 2001 du Groupe intergouvernemental sur l'évolution du climat (GIEC), rédigé par 995 des plus grands climatologues à l'échelle internationale. Les conclusions sont édifiantes.

Sans un accord sur les émissions de gaz, la température moyenne pourrait grimper en moins d'un siècle de 5,8 degrés. Soit un processus de réchauffement sans précédent. Conséquences ? Cela bouleverserait notre monde. Les systèmes climatiques deviendraient chaotiques et les températures extrêmes chose courante. Dans les régions tempérées, les températures estivales atteindraient des niveaux difficilement tolérables. Perte d'humidité des sols, sécheresses et vagues de chaleur conjugueraient leurs effets, entraînant le déclin de la production agricole, l'accroissement de la malnutrition et la hausse de la mortalité générale, principalement parmi les populations vulnérables. Selon le GIEC, « sécheresses, disettes, inondations, montée du niveau de la mer contraindraient des centaines de millions de gens à quitter leurs lieux de vie, faisant d'eux des "réfugiés environnementaux" : d'ici cinquante ans, leur nombre serait au moins six fois supérieur à ce qu'il est aujourd'hui [1]. »

1. Cité dans *STOP* de Laurent de Bartillat et Simon Retallack, Seuil, 2003.

Si les pays en développement seront les premières victimes de ces dérèglements, le Nord en paiera aussi le prix. L'épuisement des sources d'eau douce affecterait l'ensemble de la planète, engendrant de nouvelles guerres pour « l'or bleu ». Selon l'ONU, en 2005, 5 milliards de personnes (les deux tiers de la population de la planète) pourraient ne plus être en mesure de satisfaire leurs besoins en eau douce. D'ores et déjà, les alertes relatives à l'extension de la sécheresse se multiplient sur tous les continents.

Autre spectre agité par les experts du climat : l'intensification des phénomènes catastrophiques. Et force est de constater à cet égard que les réalités confirment leurs prévisions.

Examinons les faits. Entre 1995 et 2004, près de 6 000 catastrophes (inondations, tempêtes, cyclones, ouragans, séismes, glissements de terrain, sécheresses...) ont été recensées, faisant plus de 900 000 morts et affectant 2,5 milliards de personnes. Par comparaison, les désastres de la décennie précédente avaient engendré un peu plus de 640 000 morts pour 1,74 milliard de sinistrés [1]. En bref, les catastrophes affectent moins de personnes – grâce à l'amélioration des réponses préventives, nous y reviendrons – mais provoquent

1. Source : le Centre de recherche d'épidémiologie des désastres (CRED, Belgique), cité dans le Rapport sur les catastrophes dans le monde de la Fédération internationale des sociétés de la Croix-Rouge et du Croissant-Rouge, 2005.

plus de morts. Elles ne sont pas forcément plus fréquentes mais témoignent désormais d'une violence accrue, d'une intensité inhabituelle. Au lendemain de l'ouragan Mitch, en 1998, le président du Honduras, Carlos Flores, fit ce commentaire qui sonnait comme un avertissement général : « En soixante-douze heures, nous avons perdu ce que nous avions mis cinquante ans à créer[1]. »

Une tendance que confirme l'année 2004. Plus de 250 000 personnes ont péri – la plupart succombant au tsunami du 26 décembre –, pour 146 millions de personnes affectées (principalement du fait des inondations en Inde, en Chine et au Bangladesh) et des dommages évalués entre 100 et 145 milliards d'euros. L'ouragan Katrina aux États-Unis s'inscrit dans ce qui ressemble à une montée en puissance inexorable des phénomènes catastrophiques à l'échelle planétaire.

Une constante se confirme à chaque épisode catastrophique : ce sont une fois encore les personnes vulnérables qui acquittent le plus lourd tribut aux déchaînements de la nature. Le clivage est patent entre le Nord (51 morts par pays en moyenne au cours de la décennie passée) et les pays les moins avancés (573 morts par pays)[2]. Un clivage que l'on retrouve également au sein des pays sinistrés. Chacun a noté que les principales victimes de La Nouvelle-Orléans

1. *STOP*, *op. cit.*

2. Critères PNUD, selon l'indice de développement humain.

sont celles qui n'ont pu s'échapper du piège qu'était devenu leur abri faute de moyens, subissant de plein fouet la loi de Katrina.

Les réponses aux désastres

Tout épisode catastrophique appelle une réponse humanitaire immédiate, calibrée à la hauteur des besoins ; et nombreux sont les opérateurs qui sont en mesure d'y concourir. Chaque victime demande aussi de pouvoir reprendre le cours de sa vie. Comme avant. Voire mieux qu'avant. C'est aujourd'hui le cas dans l'Asie de l'après-tsunami, comme nous l'avons vu. Il en fut évidemment de même lors de toutes les catastrophes qui l'ont précédé, où l'action humanitaire durable était déjà mise en pratique. Voici quelques exemples pour s'en convaincre.

Venezuela

À la suite du déluge de décembre 1999 – inondations décrites comme les plus meurtrières du siècle –, après la phase d'urgence (aide alimentaire et approvisionnement en eau), la Croix-Rouge prend en charge la maîtrise d'ouvrage de 100 maisons annexées au village de Nuevo Guapo. Après avoir viabilisé la zone de reconstruction, et profitant de l'expérience acquise au Nicaragua pour une opération similaire (après l'ouragan Mitch), l'équipe sollicite la participation des acteurs communautaires pour la gestion de la main-d'œuvre et le suivi des travaux (sous-traités à des entrepreneurs locaux). Le chantier est achevé en dix-huit mois. La cérémonie de remise des clés a lieu le 18 juin 2001 : « Les bénéficiaires se succédaient auprès des officiels, puis chacun venait me voir, spontanément, pour me serrer dans ses bras avec un mot gentil comme "Dieu vous bénisse" », racontera la déléguée coordinatrice du projet.

Haïti

Terre de dénuement et de larmes, Haïti n'en finit pas de panser ses plaies, entre déferlement de tempêtes et dislocation politique et sociale. Là aussi, une fois l'urgence passée, il faut reconstruire. Des maisons à Mapou, à la frontière dominicaine. Des toits, après les inondations qui ont immergé les Gonaïves en 2004. Et dans un souci de préserver l'avenir, il faut prévenir. Tel est l'objet du programme de préparation aux catastrophes lancé en 2001 dans deux régions du pays. « Il s'agit surtout de sensibiliser les gens les plus exposés, notamment ceux qui habitent près des rivières ou dans les ravines, en les incitant par exemple à nettoyer les ordures qui s'y entassent pour permettre à l'eau de s'écouler », explique la responsable du programme. Plus de cinquante comités locaux aux désastres sont constitués, avec pour mission d'animer une chaîne d'alerte, afin de diffuser l'information en cas de risque imminent, en passant dans les rues avec des haut-parleurs ou, à défaut, en soufflant dans des coquilles de lambis. Suspendu début 2004 en raison de l'instabilité et des violences qui ont déchiré le pays, le programme n'en est qu'à ses débuts. Haïti a besoin de temps pour désarmer ses démons, éliminer les zones de vulnérabilité qui la plombent, et se remettre enfin à croire en demain.

Les réponses aux effets durables ont également pris forme en Asie, dès les premières semaines, mais aussi plusieurs mois après le tsunami.

Sri Lanka

Dimanche 26 décembre, 8 h 45. Samil prépare ses filets pour la pêche, penché sur le bord de sa barque. Ce jour-là, les habitants vaquent à leurs occupations. Subitement la mer se retire loin, très loin. Samil s'inquiète, regarde vers l'horizon et aperçoit d'immenses vagues. Il comprend très vite le danger, hurle et se précipite dans sa maison quelques mètres plus loin pour aller chercher sa femme et ses trois enfants. Mais Amin, son fils de 10 ans, est seul. Il l'attrape et tous deux tentent de se réfugier plus loin vers la jungle.

La vague est trop rapide, ils ont juste le temps de s'accrocher à un arbre. La mer se retire. Samil et son fils courent à nouveau tant qu'ils peuvent et grimpent au sommet d'un poteau électrique. Puis c'est une deuxième vague de quatorze mètres de haut qui déferle sur tout le village. Et puis encore une troisième, moins haute mais qui fracasse tout sur son passage. Samil et son fils resteront quatre heures agrippés au poteau, attendant que les flots cessent leurs remous. Lorsqu'ils descendent, ils ont de l'eau jusqu'à la taille. Autour d'eux, tout est dévasté. Des cadavres flottent parmi un amas de toits de maisons, d'arbres, de bouts de coques et de meubles. Samil essaie aussitôt de retrouver sa femme et ses deux filles. En se retirant progressivement, l'eau révèle l'étendue des dégâts. Ce n'est qu'en début de soirée que Samil revoit sa femme. Mais Fatuna et Zarna ne sont pas avec elle. Ils errent toute la nuit et, le lendemain matin, ils découvrent les cadavres de leurs filles de 8 et 6 ans...

Deux mois après le tsunami, Samil et le reste de sa famille se sont installés dans une tente. À l'endroit même où se dressait jadis leur maison. Prostrée toute la journée, sa femme ne trouve plus le sommeil. Le traumatisme est trop profond, et la fatigue n'arrange rien. Elle erre, contemple, interroge, pleure. Puis son mari la convainc de se faire soigner dans le dispensaire créé quelques semaines plus tôt à Pottuvil. Il lui faudra plusieurs semaines avant d'éclore à nouveau, de commencer à retrouver goût à la vie. L'écoute et les soins prodigués ont fait leur office d'apaisement, de renoncement, de deuil. Un processus long, pour lequel elle sait à présent qu'elle n'est pas seule.

Indonésie

Sigli, août 2005. Écoles, centres de soins, maisons individuelles... Huit mois après le tsunami, les projets se multiplient dans la région de Sigli. Deux écoles ressuscitent dans le district de Bireun au profit de 400 élèves issus de milieux modestes dont la plupart vivent dans des camps de déplacés. L'un des architectes locaux du projet explique : « Les bâtiments que nous construisons seront de meilleure qualité que ceux précédant le tsunami. À l'origine, il s'agissait de vieilles écoles qui avaient vingt ans d'âge. Les standards ont changé. De plus, nous avons renforcé au maximum les infrastructures pour qu'elles résistent aux séismes. » Ce n'est qu'un début. Cinq centres de soins et huit écoles sont en chantier. L'ambition affichée à chaque fois que démarre un projet de réhabilitation/reconstruction est de s'employer à ce que les familles sinistrées vivent dans de meilleures conditions qu'auparavant.

Plus loin, une coopération avec l'association Atlas Logistique pour la reconstruction de dizaines de maisons est en cours. Édifiées sur pilotis, elles sont bâties par les bénéficiaires eux-mêmes, embauchés pour une durée d'un mois et demi. Le projet prévoit un volet « transfert de savoirs » au travers duquel les villageois apprendront de nouvelles techniques – menuiserie, travail de charpente, assemblage... – sous la houlette de professionnels locaux. Les constructions sont étudiées, là encore, pour résister aux caprices du climat et garantir plus sûrement la sécurité aux familles. De nouvelles extensions à cette coopération sont envisagées, intégrant la réhabilitation de mangroves (qui constituent des barrières de protection naturelle en cas de désastre), la construction de bateaux pour les pêcheurs, la réparation de la route qui mène au village, la réhabilitation de centres sociaux et, encore, de maisons. « Celles-ci sont un peu longues à construire, coûtent relativement cher – 5 000 euros – mais ce sont de vraies maisons, pas des abris provisoires reposant sur une structure légère, comme on en trouve en d'autres endroits », indique le délégué à la reconstruction.

Les villages de Meunasa Jurang et de Meuraksa, situés au sud de Sigli, rassemblent une population de 5 000 habitants. Qui pourrait se douter qu'ils jouissent d'une réputation presque internationale ? Les tikar (sortes de nattes traditionnelles), dont la fabrication est l'activité principale des mères de famille, se vendent en effet sur tous les marchés d'Indonésie mais sont aussi exportés vers la Malaisie et l'Australie.

Chamsyah, la femme du chef du village de Meunasa Jurang, confectionne ces nattes depuis l'âge de 10 ans. Elle travaille sur son ouvrage entre quatre et cinq heures par jour et met un mois pour confectionner deux nattes. Chaque pièce se vend entre 50 000 et 60 000 roupies (8 euros) selon la taille et la qualité des motifs. Ces revenus modestes représentent toutefois un complément substantiel pour ces familles de pêcheurs et de fermiers. « Ce projet touche au cœur de l'artisanat de la province d'Aceh et rend possible la survie d'une activité traditionnelle, affirme la responsable française du projet. Il concerne les groupements de femmes, plus vulnérables que les hommes.

D'autre part, la production de tikar n'est pas une simple activité économique mais un véritable lien social, et la reprise de ce travail permet de renouer des relations perdues suite au tsunami. »

Accompagner les personnes sinistrées

Si certaines régions sont coutumières de cyclones, séismes, tempêtes à répétition, en particulier dans les Caraïbes ou dans l'océan Indien, n'oublions pas que les pays d'Europe ont aussi eu à subir de graves dommages. Chacun en France se souvient des tempêtes de 1999, qui firent 88 morts et privèrent d'électricité 3,4 millions de foyers. Un département comme le Gard est désormais suspendu à la météo, exposé au risque récurrent d'inondations après avoir connu pas moins de trois épisodes catastrophiques en quatre ans. Aussi n'est-il pas étonnant que l'action humanitaire dans ce département ait connu ces dernières années un important développement.

Revenons en arrière. Les 8 et 9 septembre 2002, de dramatiques inondations précipitent des milliers de familles dans le désarroi. On dénombre 24 morts dans le Sud-Est (dont 22 dans le Gard), des destructions records et plus de 1 milliard d'euros de dégâts. Secours et opérations d'entraide sont activés sans délai, parfois avec un héroïsme ordinaire, à l'image de ce jeune secouriste d'Aramon qui, bien qu'inquiet pour sa famille, a donné priorité à l'évacuation vers une colline des habitants de son quartier, dangereusement menacé par la montée des eaux. Une initiative salutaire pour ces personnes, qui sont alors hélitreuillées pendant la nuit. Tous n'ont pas eu leur chance. Au petit matin, dans la chapelle ardente installée dans l'église, cinq corps sont disposés.

Au total, plus de 1 000 volontaires sont impliqués pendant les premières semaines, permettant l'hébergement d'urgence de centaines de personnes, des milliers d'heures de soutien psychologique, mais aussi le nettoyage de plus de 900 habitations. Parallèlement aux secours, l'aide sociale aux sinistrés se déploie rapidement. D'abord sous forme de bons d'achat pour les familles les plus vulnérables et d'une aide directe aux familles endeuillées. Ensuite par la participation au dispositif de relogement *via* des biens d'équipement de base (lits, réfrigérateurs, gazinières...). Comme ce fut le cas au lendemain de catastrophes précédentes, des séjours de vacances sont également organisés pour les enfants de familles sinistrées. Plus de 150 d'entre eux en profiteront, avec au programme des activités ludiques de toutes sortes et une initiation aux premiers secours.

Par la suite, l'action se prolongera par un accompagnement pérenne des familles fragilisées par la catastrophe, tandis que sera lancé un programme d'insertion de RMistes chargés du nettoyage des rives du Gardon. Trois ans plus tard, si le Gard n'en a pas fini avec les inondations à répétition, les dispositifs de réponse en urgence et dans la durée sont désormais bien rodés. Pour ne pas lâcher trop vite la main qu'on a saisie...

*

* *

Après ce survol des dangers qui menacent nos sociétés et des exemples démontrant qu'une dynamique humanitaire durable est à l'œuvre, souvent à de toutes petites échelles, pour y faire face, terminons ce « tour des vulnérabilités » ici, en France, dans les espaces clos de la petite et de la grande précarité.

14.

France : les habitants de l'ombre

« Across the world, around the corner[1] ». Tel est le mot d'ordre de la Croix-Rouge britannique pour qualifier un engagement qui doit naturellement se décliner au niveau international mais à condition de ne pas délaisser les priorités humanitaires qui nous obligent dans notre voisinage immédiat. Cette philosophie est bien sûr partagée par la Croix-Rouge française et bien d'autres associations de solidarité.

Souffrances d'aujourd'hui

Jour après jour, des centaines de milliers de familles subissent les blessures souvent invisibles de la précarité et des privations, du désespoir et de l'exclusion, de l'isolement et de l'humiliation. 3,7 millions

1. « Autour du monde, au coin de la rue. »

de personnes vivent aujourd'hui sous le seuil de pauvreté dans notre pays selon l'INSEE. Parmi elles, on compte 1 million d'enfants pauvres[1] ; 1 million d'enfants habillés de vêtements de seconde main, vivant dans des logements dégradés, des foyers surpeuplés ou dans une famille monoparentale. Ils ont une nourriture déséquilibrée, une santé souvent précaire et une scolarité perturbée. 1 million d'enfants qui ne partent jamais en vacances.

Depuis son expansion dans les années 1990, la grande exclusion n'a pas été résorbée. Plus de 86 000 personnes sont sans abri (dont 2 000 enfants !). 800 000 sont privées de logement personnel et 2 millions sont mal logées[2]. Autre forme d'exclusion, l'illettrisme, qui toucherait plus de 2 millions de personnes selon l'INSEE. Au cours des dernières décennies, le corps social de notre pays s'est morcelé, les inégalités se sont accentuées, les solidarités traditionnelles dénouées, la cohésion sociale désagrégée. On assiste à une dislocation sociale de pans entiers de la société, au démantèlement du modèle familial, à l'apparition de véritables maladies de la solitude, de l'isolement, de la tristesse. 1 Français sur 5 a traversé une dépression, autant consomme des psychotropes

1. Selon le Conseil de l'emploi, des revenus et de la cohésion sociale (2004).

2. Sources : INSEE et Rapport 2005 sur l'état du mal-logement, Fondation Abbé Pierre.

ou médicaments associés. Chacun peut le vérifier, ou l'observer, il existe une véritable crise du lien social dont sont victimes les plus démunis, les personnes dépendantes, les recalés d'une modernité qui possède sa part d'ombre.

La bataille de l'exclusion

Et si l'on s'accordait à penser l'aide sociale en fonction non de l'action mais de la question du temps ? En effet, l'accélération du temps agit comme une centrifugeuse : elle creuse les inégalités, refoule les moins aptes, et handicape le travail des acteurs de la solidarité. L'expérience le montre, pour combattre l'exclusion, on ne peut se limiter à des « piqûres » de solidarité. Il n'est pas de lutte contre l'exclusion possible sans sociabilités suivies, sans liens retissés entre les générations, dans le temps humain, le temps biologique qui est le nôtre.

Dans le Val-de-Marne

Plus de 200 personnes vivent dans la rue, principalement dans les villes aux portes de Paris comme Ivry, Vitry, Charenton, Vincennes ou Saint-Mandé. Des villes qui délimitent aussi l'espace géographique des maraudes du Samu social. Opérationnel tout au long de l'année – ce qui n'est pas la règle de nombreux autres dispositifs mobiles du même type –, il arpente les lieux connus et moins connus où se terrent des femmes et des hommes, relégués dans les recoins, souvent dérisoirement protégés sous des abris de fortune. La responsable de ce dispositif, qui comprend également des centres d'hébergement d'urgence, décrit ainsi le rôle assigné à l'équipe : « Notre mission n'est pas de sauver le monde mais de retisser du lien social avec les sans-abri. Souvent, ces personnes sont brisées par une rupture affective, la perte d'un emploi... Elles ont certes besoin d'un hébergement, mais surtout de reprendre confiance en elles, de restaurer une image narcissique abîmée. En les aidant dans leurs démarches administratives, on leur permet de reprendre pied dans la société, parfois de renouer avec leur famille. » Pour aller plus loin dans l'accompagnement des plus fragiles, un pavillon de lits infirmiers a été créé, dédié à la convalescence de ceux dont la pathologie ne justifie pas une hospitalisation. Un pas de plus pourrait être franchi avec la mise en place d'un accueil de jour fonctionnant vingt-quatre heures sur vingt-quatre.

À Amiens

La Halte est ouverte dans le cadre du plan « Grand Froid ». Sa création répond à une idée simple : un petit déjeuner auquel sont conviés les sans-abri, un espace d'écoute et d'échange ; un répit offert aux personnes privées de repères et de liens durables avec le « monde extérieur ». Ici, on évite l'assistance – la laverie est payante contre une somme modique – pour privilégier la relation avec les invités, les orienter dans leur recherche d'emploi, de logement... Formule à taille humaine, cet accueil de jour se transforme en centre d'hébergement la nuit. Beaucoup de jeunes fréquentent ce dispositif qui comble un vide béant en matière d'accompagnement social.

L'intérêt de ce type d'accueil de jour n'est plus à prouver. Et je souscris à l'idée de favoriser la création de ce que Xavier Emmanuelli a appelé des « pensions de famille », sorte de lieux de socialisation permettant aux personnes cassées par la vie de souffler, de se reconstruire, d'alléger le fardeau qui pèse sur leurs épaules, de réapprendre les réflexes et les habitudes élémentaires de la vie en société. L'idée fait son chemin, comme le montre le dispositif d'Amiens. Seul inconvénient, il n'est ouvert qu'en hiver. Par manque de moyens. Comme si la lutte contre l'exclusion devait dépendre du rythme des saisons...

Bergerac, en Dordogne. En décembre 1999, la ville est secouée par la mort d'Adolphe. Jeune homme introverti, hermétique à toute aide, il vivait dans une tanière improvisée au milieu d'une ancienne usine de conserves. On le savait malade, fragile des bronches, il ne s'est pas réveillé d'une nuit glaciale ; une nuit durant laquelle des places d'hébergement étaient pourtant libres. Le drame provoque la consternation et pose aux acteurs de la solidarité cette question lancinante : comment procéder avec les personnes qui refusent toute aide ? D'une réflexion collective naît alors l'idée d'organiser une veille sociale. Techniquement simple, à charges fixes très faibles, le dispositif est vite opérationnel : un secouriste formé au soutien psychologique et un éducateur sillonnent la ville deux soirs par semaine, selon un parcours identique. La priorité suivie est délibérément modeste : changer le regard sur les sans-abri pour renouer un lien social dans la durée. Il s'agit de rendre aux personnes en rupture – bien souvent des jeunes errants isolés ou vivant dans des squats – une identité, un visage, une épaisseur humaine en somme. Entre dix et dix-neuf personnes sont ainsi suivies tout au long de l'année. La formule, fondée sur les rapports humains, a fait ses preuves, comme en témoigne la principale animatrice : « J'ai le sentiment que nous avons parcouru du chemin. Les gens finissent par changer d'attitude vis-à-vis des sans-abri. Je me souviens d'une vieille dame vivant au voisinage d'un squat. Au début, elle était paralysée par la peur, préférant détourner le regard de ces regroupements de personnes jugées inquiétantes. Aujourd'hui, après un travail de réassurance, elle les salue, caresse le chien, échange quelques paroles ordinaires. Ça n'a l'air de rien, mais c'est déjà un progrès énorme ! »

Haro sur l'illettrisme

L'illettrisme constitue également une forme d'exclusion. Une exclusion du savoir dont on mesure mal les tourments qu'elle produit. Si 1978 coïncide avec la disparition officielle de l'analphabétisme en Europe, l'illettrisme, lui, n'a cessé de se développer en vingt-cinq ans. Une progression insidieuse qui a engendré un décrochage social de centaines de milliers d'enfants et d'adultes. Ce fléau est d'autant plus pernicieux qu'il se nourrit de la honte et de l'abattement moral qu'il engendre. Ne pas savoir déchiffrer une notice, buter sur un formulaire administratif, être incapable d'écrire un mot d'excuse pour son enfant... Ne pas savoir lire, écrire ou compter, c'est devoir ruser, parfois mentir, pour cacher un handicap ressenti comme un fardeau écrasant. C'est être exclu du langage et des codes de la société ; et, le plus souvent, c'est s'exclure de la société elle-même.

Pour mieux comprendre cette souffrance cachée et les moyens d'y remédier, il suffit d'écouter la parole de l'une de ces personnes illettrées. Elle exerce la profession d'aide-soignante et accepte de témoigner : « Cela faisait trente ans que j'étais obligée de biaiser au travail, de trouver des astuces pour faire croire que je savais écrire. Je rédigeais le même texte ou j'écrivais volontairement mal pour n'être pas démasquée ! Je suivais de très près la scolarité de ma fille mais je lui ai dit que je ne pouvais pas l'aider, qu'il fallait qu'elle s'applique pour réussir. Songez que je ne pouvais même pas rédiger un mot d'excuse sans faire une faute à chaque mot... C'était l'horreur. J'ai eu envie de démissionner, de tout laisser tomber... Personne ne savait rien, sauf ma famille, dont l'aide a été décisive. Un jour, j'ai vu une annonce grâce à laquelle j'ai rencontré une éducatrice. Nous avons eu une relation très personnelle. Jamais elle n'a utilisé le stylo rouge. Ça me rappelait trop mes traumatismes d'enfance. J'étais toujours au dernier rang, humiliée par mes professeurs. Non, elle a utilisé le crayon de papier et a su me mettre en confiance. Ça a été le déclic. Avant, je faisais cent fautes sur une page, aujourd'hui, un an après, je n'en fais plus que cinq ou six. Vous n'imaginez pas le sentiment de libération que ça procure. J'étais tellement malheureuse avant. Si seulement j'avais su plus tôt que ça existait… »

Toute la difficulté est là, dans le repérage des adultes illettrés. En matière d'illettrisme, il n'y a pas de statistiques fiables et les gens passent souvent entre les mailles du filet. La plupart utilisent le système D pour masquer leur handicap. Des phrases comme « J'ai oublié mes lunettes, vous ne pouvez pas remplir le formulaire à ma place ? » ou « Je rapporterai le dossier rempli demain » prononcées au guichet d'une administration mériteraient parfois plus d'attention. D'où la pertinence de programmes comme « Illettrisme et citoyenneté », à Tours, mobilisant soixante-dix bénévoles qui proposent une réponse personnalisée à des adultes de 18 à 60 ans, atelier collectif ou formation individuelle. Objectif : permettre à des bénéficiaires du RMI, des mères de famille, des personnes en désarroi, de s'affranchir de l'humiliation en apprenant à lire, écrire, compter, se repérer dans l'espace et dans le temps ou encore rédiger sa liste de courses…

Dans le même esprit d'accompagnement, certaines actions ciblent leur réponse sur les demandeurs d'emploi. En particulier à travers des cours d'informatique. À l'heure des technologies de l'information, ne pas maîtriser les outils informatiques constitue assurément un handicap et relève d'une forme d'illettrisme contemporain. Autre priorité : le soutien précoce, sans doute dès le cours préparatoire, aux enfants en difficulté d'apprentissage, afin de prévenir les risques d'un décrochage irréversible. Sur le plan scolaire, toute « rupture d'équilibre » produit de la vulnérabilité et génère de la souffrance évitable.

Plaidoyer pour une solidarité active

Pendant des décennies, c'est le principe d'assistance qui a présidé aux efforts déployés par les associations pour aider les plus démunis, répondre à leurs besoins immédiats en nourriture, en vêtements, en matériel de première nécessité. Indispensable aujourd'hui dans bien des cas, l'assistance a aussi pour conséquence de favoriser une certaine passivité. Nous l'avons vu, l'assistance soulage, sauve parfois, mais peut produire sur la durée des résultats contraires à ceux recherchés. C'est pour lutter contre ces méfaits que se généralise depuis plusieurs années le principe de solidarité active.

En lieu et place d'une relation sclérosante propre à maintenir le bénéficiaire dans la position d'assisté, la solidarité active vise au contraire à encourager sa participation afin de restaurer son autonomie. Traduction concrète dans le domaine de l'aide vestimentaire : la transformation des traditionnels vestiaires en ce qu'on appelle une « vestiboutique ». Plutôt que de remettre un sac de vêtements à une personne nécessiteuse comme ce fut le cas par le passé, la vestiboutique repose sur le libre choix des bénéficiaires. Comme dans un magasin classique, ceux-ci sélectionnent leurs articles (dont le nombre est généralement plafonné), qu'ils règlent, à prix modique, à la sortie. Soit une manière de les responsabiliser et de faciliter leur insertion dans le circuit courant de l'offre et de la demande. Avec l'argent collecté, la vestiboutique peut renouveler son stock de vêtements, mettre en place des ateliers thématiques d'accompagnement consacrés à l'économie familiale, l'initiation à l'informatique, etc.

L'impact positif de cette démarche est réel, comme l'atteste la responsable d'un « relais-bébé » à Rives-de-Giers dans la Loire : « Nous permettons à des familles de se fournir en vêtements et en matériel de puériculture à moindre coût. L'argent recueilli fait tourner la boutique, mais sert aussi à financer des projets de solidarité. Récemment, nous avons ainsi permis à des enfants qui ne sont jamais partis en vacances de faire un séjour à la montagne. Ce n'est pas comme dans un magasin. Tout le monde se connaît, on vit dans le même voisinage. Les mamans sont en confiance. Elles s'expriment librement parce qu'elles sentent qu'on ne les juge pas. Elles savent que nous ne sommes pas des vendeuses, nous sommes là pour elles... »

Mêmes causes, mêmes effets qui se veulent durables, dans le domaine de l'aide alimentaire. À côté des traditionnelles antennes de distribution alimentaire, l'épicerie sociale s'inspire également d'une démarche de solidarité active. Là encore, pas question de verser dans l'assistanat. Tout bénéficiaire est obligatoirement référencé par un service social. À Toulouse par exemple, chaque postulant est invité à présenter un projet individuel, et reçoit en retour une autorisation de trois mois, renouvelable une fois. Un compte est ouvert à son nom, en fonction de ses revenus et de la configuration du foyer. Ouverte trois jours par semaine, l'épicerie est en libre-service, les denrées étant vendues à 10 % de leur valeur. Le système est conçu pour favoriser le retour à l'autonomie et inciter à la gestion d'un budget. Les animateurs privilégient un accompagnement personnalisé afin d'adapter les réponses à chaque cas : problèmes d'endettement, d'alimentation, de rupture familiale... Il s'agit d'encourager l'équilibre alimentaire des bénéficiaires, sans oublier leurs enfants. L'épicerie sociale s'emploie également comme un lieu d'attention, de réconfort, concourant fortement à la réussite de toute démarche d'insertion sociale.

*

* *

Que nous enseignent ces expériences vécues à hauteur d'hommes, de femmes, d'enfants, en France mais aussi au-delà de nos frontières ? D'aucuns souligneront que celles qui sont narrées ici montrent trop de réussites. Il est vrai que pour un combat gagné, combien de tentatives stoppées au milieu du gué, de succès partiels, de conquêtes éphémères ? Combien de forces contraires à neutraliser, d'obstacles et d'inconnues à lever, d'inerties à remuer ? « Le mal se fait sans effort, naturellement, par fatalité ; le bien est toujours le produit d'un art », résuma jadis Baudelaire.

Les exemples qui précèdent, illustrant un unique élan pour réduire les vulnérabilités dans tous les continents, ont surtout pour objet de démontrer que cette action humanitaire aux effets durables désigne des pratiques courantes, des démarches intégrées dans les programmes et dans les faits. Et pour cause, elle relève du simple bon sens !

Bon sens, lorsque nous postulons que chaque être, sur la planète, revendique spontanément, en plus de son droit absolu à la vie, un droit légitime à un toit, à la santé, à l'instruction, au travail. Il n'est nulle raison de penser que les besoins primordiaux d'un rescapé sri lankais diffèrent radicalement de ceux d'une personne sinistrée dans le Gard.

Bon sens, lorsque nous postulons que l'humanitaire consiste d'abord en une *compétence de l'humain*, dans ses doutes et ses espoirs, ses projets et ses renoncements. Et il faut être né trop cartésien pour scinder l'urgence et le durable dans les modalités de l'aide. L'ONG britannique OXFAM ne s'embarrasse pas de ce type de controverse, mêlant assistance d'urgence et action humanitaire durable [1] dans un même élan pragmatique selon les besoins et les réalités du terrain.

S'il fallait trouver un point commun entre les actions que j'ai voulu décrire, je dirais que, dans leur diversité, elles traduisent toutes un même combat contre la discrimination et l'intolérance. De même qu'elles illustrent l'importance originelle du lien humain noué et nourri ; du lien qui grandit aussi bien la personne aidée que la personne « aidante ». Un lien mal scellé, et c'est le socle même de l'humanitaire qui vacille, sa vocation durable qui est compromise. L'humanitaire, d'une certaine façon, c'est d'abord l'art de créer du lien, l'art de relier au nom du souci de l'autre. Un art toujours perfectible, toujours nécessaire. Si l'humanitaire a un sens, c'est certainement celui-là.

---

1. Les Anglo-Saxons utilisent le terme *recovery* pour qualifier la phase, après l'urgence, de réhabilitation, de reconstruction et de relance économique afin de permettre aux communautés, en liaison avec les pouvoirs publics locaux, de « recouvrer » des conditions de vie dignes et autonomes.

15.

Et après ?

L'action humanitaire durable ne peut en rester là. Les expériences passées et celle que nous vivons depuis le tsunami nous imposent d'examiner les facteurs propres à préciser cette action, à l'amplifier, à l'enrichir, et à lui conférer ainsi de nouvelles perspectives. J'ai l'intuition – j'allais dire la conviction – que la sphère humanitaire est mûre pour écrire un nouveau chapitre dans la façon de se penser, de s'inscrire dans son environnement et d'y imprimer sa marque, avec une attention renouvelée à la résilience, à la prévention, au trait d'union entre le médical et le social, aux terrains d'action lointains ou voisins.

Les ressorts de la résilience

Le concept de résilience connaît un succès exceptionnel. À raison, tant il permet de récuser les fatalismes et d'éviter les déterminismes étroits. Son principal et premier chantre en France, le talentueux Boris Cyrulnik, le définit comme « la capacité à réussir à vivre et à se développer positivement, de manière socialement acceptable, en dépit du stress ou d'une adversité qui comportent normalement le risque grave d'une issue négative [1] ».

Toute étude de la résilience, explique l'auteur, devrait porter sur trois plans : d'abord sur l'acquisition des ressources internes (imprégnées dans ce qu'il appelle le « tempérament »), ensuite la structure de l'agression et du traumatisme, enfin « la possibilité de rencontrer des lieux d'affection, d'activités et de paroles que la société dispose parfois autour du blessé ». Et d'évoquer ces « tuteurs de résilience qui lui permettront de reprendre un développement infléchi par la blessure [2] ».

Ce concept, conçu dans le champ des sciences physiques avant d'être transposé dans les sciences sociales, constitue également une approche pertinente de l'action humanitaire. Et pour cause. Parfois sans le savoir, l'acteur humanitaire participe au processus pendant lequel « se tricote la résilience », en particulier à travers les actions de proximité auprès des plus

---

1. Boris Cyrulnik, *Un merveilleux malheur*, Éditions Odile Jacob, 1999.

2. Boris Cyrulnik, *Les Vilains Petits Canards*, Éditions Odile Jacob, 2001.

démunis. Sa présence, son aptitude à l'empathie le dotent d'une compétence particulière pour tenir ce rôle de « tuteur de résilience » dont parle Boris Cyrulnik. D'une certaine manière, la résilience constitue une composante clé de l'espace humanitaire, dont l'objet est de corriger les ruptures d'équilibre et de réduire les vulnérabilités. Elle est ce fil d'espoir le long duquel cheminent ensemble la personne aidée et celle qui lui prête son concours. Elle offre aussi la possibilité de concevoir et d'entretenir une action aux effets durables, lors de drames individuels ou de malheurs collectifs.

François Grunewald, animateur du Groupe URD[1], a recours systématiquement au concept de résilience pour élaborer une réponse humanitaire pertinente, notamment lors de crises durables ou dans le cadre de conflits oubliés[2] : « Le défi, pour les acteurs humanitaires, sera de repenser leurs modes d'intervention, afin d'inverser la tendance vers des programmes de soutien à la résilience, comportant des volets d'urgence, de soutien aux stratégies de survie et de développement à long terme, plutôt que de proposer une assistance opérationnelle. » La même logique doit prédominer dans la façon d'appréhender les catastro-

1. Urgence-réhabilitation-développement.

2. Voir « Zones grises, crises durables, conflits oubliés : les défis humanitaires », Revue internationale de la Croix-Rouge, n° 842, vol. 83, juin 2001.

phes. Au lieu de miser uniquement sur la réponse aux calamités, l'accent est mis sur la résilience comme le principal ressort à renforcer afin d'aiguiser les capacités à résister aux chocs et à les absorber sans dommages démesurés. Ce principe est d'ailleurs devenu un élément pivot de la stratégie de la Fédération internationale des sociétés de la Croix-Rouge et du Croissant-Rouge face aux catastrophes [1].

L'objectif poursuivi coule de source : réduire la vulnérabilité des populations en danger, et permettre à ces dernières de devenir actrices, et non plus seulement victimes potentielles, dans la gestion des risques. Cela passe par la résilience des individus. Cet axe d'action humanitaire se traduit par la nécessité de soutenir leurs capacités à se protéger, à anticiper les déchaînements de violence d'origine humaine ou naturelle, à adopter une stratégie de survie et à s'inscrire dans une démarche de développement à long terme. Pour y arriver, précise François Grunewald à l'intention des opérateurs humanitaires, « il est fondamental d'être d'abord à l'écoute des besoins, d'essayer de comprendre les capacités et les contraintes, et non pas d'arriver avec des réponses toutes prêtes et formatées ».

La résilience est également applicable aux communautés. Elle consiste cette fois à appuyer les stratégies collectives de survie, à optimiser les res-

1. Rapport 2004 sur les catastrophes consacré à la résilience communautaire.

sources locales et les liens sociaux. Soit une vision gagnante, dans la mesure où elle évite les effets contre-productifs de l'assistance en privilégiant une dynamique de résistance et de développement propre à ces communautés. Elle permet aussi à ces dernières de prendre conscience de compétences, de savoir-faire spécifiques qui leur renvoient une image positive et favorise la cohésion du groupe.

Nul doute que la résilience se présente comme un levier stimulant et une piste d'avenir fructueuse dans l'ordre des priorités et des modes d'action de l'humanitaire durable. Elle montre qu'il n'est pas forcément de fatalité aux coups de boutoir du destin. La force de vie peut avoir raison des ferments de destruction et de chaos. Mieux encore, non seulement ce concept inspire avec profit les réponses à donner en cas de ruptures d'équilibre, individuelles ou collectives, mais il sert aussi de principe moteur à cet autre domaine inséparable de toute problématique humanitaire : la prévention.

La prévention avant toute chose

Tout commence, ou devrait commencer, par la prévention.

L'histoire a fait le tour des rédactions du monde entier. Ce matin du 26 décembre 2004, sur une plage de Phuket en Thaïlande, une jeune fille britannique, Tilly, a compris la première l'imminence de la catastrophe qui s'ourdissait en voyant que la mer se retirait anormalement au loin. Ce mouvement a immédiatement fait écho à la leçon enseignée quelques semaines plus tôt par son professeur sur les séismes sous-marins et les tsunamis. Sans hésitation, elle a donné l'alerte, contribuant à sauver une centaine de personnes qui ont ainsi pu fuir à temps les rouleaux dévastateurs venus du large. Cet exemple illustre une fois encore le vieil adage selon lequel mieux vaut prévenir que guérir. Ou formulé autrement : être préparé aux catastrophes, c'est se donner toutes les chances d'en pallier les effets mortifères.

À bien y regarder, des phénomènes aussi impressionnants que les séismes, les inondations, les cyclones ou les raz-de-marée ne sont pas meurtriers en soi. Ils le deviennent quand ils croisent sur leur chemin des habitations fragiles et des habitants trop exposés. Le cas du tsunami montre combien l'imprévoyance a contribué à alourdir le bilan de la catastrophe : systèmes d'alerte inopérants, populations non préparées, constructions et politiques d'aménagement du territoire inadaptées... Cette expérience tragique est une illustration supplémentaire du déficit universel d'anticipation en matière de gestion des risques, chez nous comme ailleurs. Un déficit de politique préventive globale qu'il est urgent de corriger. L'enjeu se chiffre en millions de vies à sauver et en milliards d'euros à épargner, au moyen d'actions concrètes et coordonnées en amont des crises.

Questions corollaires pour les acteurs humanitaires : comment agir au mieux pour sortir les populations de la crise par le haut ? Comment intervenir pour ne plus devoir intervenir ? Comment faire en sorte que les acteurs locaux puissent s'en sortir seuls, en tout cas sans logique de perfusion humanitaire d'urgence, qui ne devrait être qu'un cas d'extrême recours ?

Le concept de prévention, au sens large du terme, regroupe toutes les activités qui participent à l'élimination et/ou à la réduction des risques ainsi que la préparation à la réponse d'urgence. La prévention suppose l'acceptation même du risque et se décline en des pratiques spécifiques : protection des personnes, sensibilisation et éducation, renforcement des capacités locales, adaptation des outils législatifs, mise en place de systèmes d'alerte et de dispositifs d'intervention immédiate (avec moyens prépositionnés, procédures d'urgence...).

Aux Philippines par exemple, où les catastrophes naturelles ont tué 34 000 personnes depuis 1991 et affecté en trente ans environ 35 millions de personnes, depuis 1994 la Croix-Rouge réoriente ses efforts de l'intervention d'urgence vers la préparation communautaire aux catastrophes. Dans les villages exposés aux typhons, elle dispense une formation spécialisée à des volontaires qui sont ensuite encouragés à formuler des plans de réduction des risques en concertation avec les chefs communautaires. Après quoi, diverses mesures sont mises en œuvre : plantation d'arbres le long des côtes et sur la terre ferme, édification de digues, nettoyage des canaux d'irrigation, construction de refuges... Autant d'initiatives mises en œuvre avec les représentants des communautés et des pouvoirs publics locaux.

De même, dans les Caraïbes, plusieurs programmes de ce type ont vu le jour, permettant également d'apprivoiser les risques de désastres et de poser sur les fonts baptismaux des dispositifs d'alerte et des systèmes d'information pour la population opérants. L'impact positif de ces programmes est évident. En 2001 à Cuba, une information efficace de la population, la mobilisation de volontaires et la mise en place de procédures adéquates ont permis à 700 000 personnes d'éviter le pire. En 2004, de violentes tempêtes faisaient 1 800 morts et 800 disparus en Haïti, seul pays de la région ne disposant pas de son propre système d'alerte pour les ouragans (et dépendant par conséquent des alertes des îles voisines ou des États-Unis). En République dominicaine voisine, le bilan n'a été que de 23 morts, parce que l'alerte avait été donnée à temps, permettant l'évacuation de milliers de personnes [1].

À une autre échelle, on estime à 153 millions de dollars l'investissement consenti en 1993 par l'Argentine pour prévenir les inondations, et à 187 millions de dollars le coût des pertes ainsi évitées en 1997.

1. Rapport 2005 sur les catastrophes, *op. cit.*

Inutile d'argumenter plus avant sur les vertus de la prévention. Certes moins sensationnelle qu'une intervention massive au lendemain d'un épisode catastrophique majeur, elle s'avère autrement plus performante lorsqu'il s'agit de sauver des vies. La désignation de la prévention comme une priorité de premier rang ne date pas d'hier, bien sûr. Mais son application concrète tarde à se généraliser. Les bailleurs de fonds publics commencent à le comprendre. Et l'on peut raisonnablement espérer qu'ils s'engageront avec plus de détermination dans cette voie, en particulier depuis le tsunami et la conférence de Kobe (Japon) sur la prévention des catastrophes en janvier 2005.

Notons que plusieurs associations n'ont pas attendu pour développer leur expertise dans ce domaine, en liaison avec des centres de recherche. Comme le Mouvement international, dont elle est membre, la Croix-Rouge française est très impliquée dans ce domaine. Elle participe par exemple, dans le cadre de son implication dans l'Asie de l'après-tsunami, au déploiement d'un important programme de prévention en Indonésie. Elle occupe également une fonction motrice, en liaison avec d'autres organismes compétents [1], pour capitaliser les bonnes pratiques et favoriser les partages d'expériences.

1. Tels que le ministère des Affaires étrangères, le ministère de l'Écologie et du Développement durable, l'Association française pour la prévention des catastrophes naturelles, Handicap international, Development Workshop, Action contre la faim, Groupe URD...

Pour indispensable qu'elle soit, la prévention ne constitue cependant pas une recette miracle qui vaccinerait contre tous les risques. L'exemple de l'ouragan Katrina en témoigne. Bien qu'annoncé depuis des jours et en dépit des évacuations ordonnées par les autorités publiques, le drame n'a pu être évité. À chaque catastrophe, même anticipée, la même constante se dégage : ce sont les plus vulnérables qui tombent les premiers. Aussi, chaque stratégie de prévention ne sera optimisée qu'accompagnée d'un volet de lutte contre la pauvreté, de réduction des vulnérabilités sous toutes leurs formes.

Une autre leçon, plus implicite mais bien réelle, se précise à la lumière des expériences du tsunami et de Katrina. Elle réside dans la prise de conscience progressive de notre propre fragilité, en tous lieux et à tout instant. Il s'agit certes d'un truisme, mais c'est la définition même de la condition humaine dont nos sociétés occidentales semblent avoir perdu la conscience et l'expérience au cours des dernières décennies. La montée des menaces globales – dérèglements climatiques, terrorisme, inégalités, violences, accroissement démographique... – forme un terreau propre à inquiéter les esprits.

Que faire ? Faut-il se complaire dans la posture de Cassandre et activer les sirènes du catastrophisme ? Non, bien sûr. En revanche, il nous appartient d'accepter une culture du risque, de consentir à vivre dans un monde qui ne saurait répondre à tous nos besoins d'assurance et d'immunité contre l'adversité. Cessons de nier l'évidence, sans pour autant céder aux peurs irraisonnées et aux raccourcis alarmistes. Et si cette culture du risque constitue notre horizon immédiat, force est d'affirmer qu'il est possible à chacun de la domestiquer. « Il faut nous préparer à affronter les situations d'exception, où tout est bouleversé, où plus rien n'existe », disait déjà le vulcanologue Haroun Tazieff. Un enjeu qui relève bien sûr de la responsabilité des États. Mais chaque personne, chaque citoyen a également un rôle à jouer, à commencer par l'apprentissage du secourisme et des conduites à tenir avant, pendant et après une catastrophe[1]. « Un système de détection et d'alerte est inutile si les gens, prévenus du danger, ne savent pas comment réagir », rappelle Patricio Bernal, secrétaire général de la Commission océanographique de l'UNESCO.

L'approche par la prévention, si elle se traduit par des actions concrètes et localisées, ouvre assurément sur une vision plus globale de ce qu'est l'action humanitaire durable. Toute démarche de prévention confirme la nécessité de sortir de perceptions cloisonnées, de ne pas réduire la logique de l'aide à une

1. À cet égard, la Croix-Rouge française pilote un programme européen associant d'autres sociétés de la Croix-Rouge ainsi que des experts pour la constitution, notamment, de kits de secours et de catastrophes visant à informer le public de la conduite à tenir en situation d'exception (allant de l'accident domestique aux catastrophes naturelles, industrielles...).

juxtaposition de projets ponctuels déconnectés d'un contexte, d'une intelligence plus complète dans l'espace et dans le temps. Cela impose de mieux connaître les conditions de vie de femmes et d'hommes et les voies possibles de leur évolution vers un mieux-être individuel et collectif. Comme le postulent François Grünewald et Marc Rodriguez, l'humanitaire est moins une question de projet que de processus, lequel sous-tend « un compagnonnage responsable et durable avec les acteurs locaux : on est avec eux avant, pendant et après la crise. Il faut évidemment avoir pu les identifier, puis les aider à se renforcer. Il faut avoir préparé la transition et la période de retrait en gardant une ligne de dialogue [1] ».

La réhumanisation des soins

« Malgré leurs déchirements personnels, tous les hommes, ne pouvant être des saints et refusant d'admettre le crime, s'efforcent cependant d'être des médecins », expliquait Albert Camus dans *La Peste* pour qualifier un engagement de la société civile en faveur des plus fragiles [2]. Ce faisant, il suggérait une approche élargie de la médecine, articulant le médical

1. Collectif sous la direction de Claire Pirotte, Bernard Husson et François Grünewald, *Entre urgence et développement*, Éditions Karthala, 1997.

2. Cité par Jacques Lebas dans *Action sociale et action humanitaire*, *op. cit.*

et le social. Une approche qui est plus que jamais d'actualité au regard de notre problématique humanitaire. Notamment en France, exemple sur lequel se fonde ma réflexion, à la lumière de ma double expérience de médecin hospitalier et de responsable de notre système de santé.

Depuis quelque temps, le social n'est plus une préoccupation majeure dans notre façon d'appréhender les soins. Au fil du XXe siècle, l'hôpital est devenu le lieu privilégié des nouvelles techniques, de la recherche et de l'enseignement. Il a rassemblé les meilleures équipes et se focalise sur des maladies graves, possède des personnels spécialisés, des équipements pointus, et tout cela avec des coûts prohibitifs. Certes l'hôpital continue d'accueillir chacun, quelle que soit sa fortune, pour lui dispenser les soins nécessaires. À cet égard, on peut dire qu'il demeure un espace social privilégié, illustrant bien le fondement même de notre « sécurité sociale ».

Pourtant, une fois le diagnostic porté et le traitement entamé, les pauvres comme les autres n'ont plus leur place à l'hôpital et sont renvoyés sans que l'accompagnement social apparaisse toujours comme une priorité. Le fait est qu'un nombre très important de personnes ne trouvent pas le secours nécessaire à l'hôpital alors qu'elles sont confrontées à des problèmes graves qu'elles ne peuvent gérer seules.

Dans le domaine de la psychiatrie, par exemple, peut-on dire que nous répondons bien aux besoins de notre société ? La réponse est évidemment non. N'est-il pas inacceptable que dans des services de psychiatrie se côtoient trisomiques 21, autistes et patients atteints de la maladie d'Alzheimer ? C'est pourtant encore le cas aujourd'hui. Dans cette situation, tout le monde est perdant : les malades insuffisamment accompagnés en quittant l'hôpital, ceux qui y restent faute de solution appropriée alors qu'ils n'ont rien à y faire, et le personnel soignant qui a le sentiment de s'épuiser en pure perte.

Un autre exemple est apporté par le domaine de l'obstétrique. Fermant les petites maternités pour des raisons de sécurité obligée, on règle le problème de l'encombrement évident des maternités de référence en raccourcissant la durée de séjour à deux jours parfois ! Je ne suis pas sûr qu'une telle attitude soit porteuse d'humanité pour de jeunes mamans.

Nombre de situations témoignent ainsi combien l'aspect médical prime sur la question de l'accompagnement social. Or je suis convaincu que les soignants ne peuvent se désintéresser de la période qui suit leur intervention directe, car celle-ci conditionne la qualité du résultat médical et l'avenir même de leur patient.

Pour toutes ces raisons, j'estime qu'il faut reconsidérer la dimension sociale de l'hôpital. C'est à mon sens un des problèmes éthiques majeurs que de savoir prendre en charge et accompagner une personne dans sa globalité. Si la technicité impose des changements, l'humanité exige une permanence. Les deux aspects sont indissociables. Je dirais même que méconnaître le devoir d'humanité jetterait le discrédit sur les avancées techniques.

Cette réflexion s'étend bien sûr à ce que j'appelle l'action humanitaire durable, dans sa vocation à relier l'intervention d'urgence et la restauration de l'autonomie des personnes frappées par un drame. Il en est de même de notre système de soins. La vie est une continuité et elle nous concerne tous, dans sa globalité. Quelle logique trouver si le succès médical est suivi d'une mort sociale dépourvue de prévenance ?

La seule réponse est bien de revenir à l'homme comme unité de toute action, à l'homme dans toutes ses dimensions, physique, morale et sociale. Au demeurant, disant cela, je ne fais que me conformer à la célèbre définition donnée par l'OMS : « La santé est un état de complet bien-être physique, mental et social, et ne consiste pas seulement en une absence de maladie ou d'infirmité. » On a eu tendance à l'oublier.

Agir là où les besoins ne sont pas couverts

Dans ce champ de la santé globale, comment l'acteur humanitaire peut-il prendre la place qui lui revient ? Dans les pays en développement, nombre de programmes relaient déjà ce paradigme. La Croix-Rouge l'a intégré dans ses actions, à travers par exemple ses dispositifs de lutte contre le sida en Afrique et au Cambodge, conciliant prévention, dépistage, traitement et accompagnement des malades dans la durée. Mais il faut aller plus loin, notamment en France, où nombre de créneaux semblent aujourd'hui, sinon délaissés, du moins insuffisamment pris en compte.

Tel est le cas du handicap. Les structures et les réponses font défaut, chacun le sait, pour accueillir et prendre en charge les personnes handicapées. Le problème relève certes d'abord de la solidarité nationale, pour autant, les acteurs humanitaires ont vocation à tisser des liens avec ces personnes, afin qu'elles deviennent acteurs de leur devenir parmi les autres, avec leur part de souffrance et leur aspiration à la dignité et au bonheur. La Croix-Rouge est mobilisée dans ce domaine à travers la création et l'animation de maisons d'accueil spécialisées, de foyers de vie, d'instituts médico-éducatifs, de programmes d'accompagnement pour enfants et adultes.

L'enjeu est le même pour l'autisme, dans la volonté de créer une relation forte et pérenne avec des enfants dont le regard semble s'évaporer dans d'inaccessibles songes, mais qui n'en demandent pas moins une sociabilité nourrie et régénératrice.

Pareillement pour la prise en charge de comportements addictifs, auprès de personnes souvent jeunes, ébranlées par une forme de désespoir et devenues otages de paradis aussi artificiels qu'aliénants et déshumanisants. Notons à ce propos que la consommation de drogues injectables est en hausse dans de nombreuses régions, contribuant pour une part de plus en plus importante à l'extension de l'épidémie de sida, notamment en Europe orientale et en Asie centrale[1].

Autre priorité, les pathologies invalidantes comme la maladie d'Alzheimer. Plus de 800 000 personnes[2] en sont atteintes en France, pour 165 000 nouveaux cas recensés chaque année. Là encore, en liaison avec les dispositifs publics, l'humanitaire doit participer à relever le défi social que représente cette maladie en proposant des réponses complémentaires, en particulier dans l'accompagnement des malades et le soutien à des familles souvent durement éprouvées.

L'accompagnement est décidément un mot clé en matière d'action humanitaire durable. Il en constitue la trame, par la somme des liens et des entrelacements qu'il permet avec les plus vulnérables d'entre nous. Aussi prend-il un relief particulier quand il a pour finalité d'adoucir la fin de vie. Cette fonction revêt une importance particulière dans un pays comme le nôtre à une époque où les solidarités traditionnelles se dissolvent, où les liens familiaux tendent à s'effilocher, où nos villes et villages sécrètent des sentiments massifs de solitude et d'isolement, où la parole de nos aînés se perd dans le vacarme d'un monde saturé de

1. Avec plus de 800 000 personnes contaminées fin 2003, la Russie connaît l'épidémie la plus importante d'Europe (Onusida, 2004).

2. Parmi elles, 18 % ont plus de 75 ans.

bruits ; dans des sociétés où l'idée même de mort est occultée, bannie, parfois méprisée.

La mort est pourtant notre horizon, en même temps que le premier des mystères. Elle est cette force cachée qui nous conduit à agir, courir, faire des projets, nous dépasser. « Apprendre aux hommes à mourir, c'est leur apprendre à vivre », enseignait Montaigne. Elle est aussi cette souffrance, cette peur devant l'inconnu, cette usure inéluctable de nos rouages intimes, cette sensation de perte terrifiante au regard de nos proches, de notre humble quotidien, de ces petits riens qui façonnent notre tout. L'impression que la vie est derrière soi. Créateur ou recréateur de liens, producteur d'une présence et d'une attention réconfortantes, l'humanitaire a aussi vocation à incarner cette force d'apaisement lors de l'ultime empoignade avec notre destin. Il a compétence à s'engager dans l'accompagnement de fin de vie, au chevet de femmes et d'hommes qui n'attendent plus rien qu'une chaleur humaine, une main posée sur l'épaule, un sourire, un regard attentif.

Agir, c'est aussi chercher à innover

Cette préoccupation a été constante dans l'histoire d'une association comme la Croix-Rouge. Au niveau international, parmi les nombreuses actions et missions dans lesquelles le CICR s'est illustré, on notera par exemple le rayonnement mondial de son agence de recherche visant à réunifier des familles que les conflits, les catastrophes ou les bouleversements divers ont séparées.

En France, nous l'avons dit, c'est elle qui a créé les premiers diplômes d'infirmière ou de secourisme au début du XXe siècle, lancé la première formation d'aide à domicile (1949), initié les « patrouilles de nuit » dans les années 1970. Elle a aussi installé la première mission humanitaire permanente dans la zone d'attente de l'aéroport de Roissy-Charles-de-Gaulle, destinée aux étrangers demandeurs d'asile (2003).

La Croix-Rouge se mobilise également pour renforcer les relations entre les générations, à l'image de cette action initiée en Lozère pour recueillir auprès des pensionnaires de maisons de retraite récits et traditions oubliés, afin de les transmettre ensuite dans le cadre d'ateliers pour les personnes illettrées. À l'image de ces centres maternels et ces relais parentaux qu'elle a mis en place à Nantes, au Perreux-sur-Marne (94) ou ailleurs pour venir en aide aux parents défaillants, aux mamans à bout, et pallier ainsi les ruptures sociales dramatiques.

Novateur aussi, son engagement dans les prisons (formation au secourisme, aide sociale...) et auprès de familles de détenus (maisons d'accueil pour familles en attente de parloir). Novatrices, ces mille petites initiatives pour renforcer ses dispositifs de solidarité active, du plus ambitieux (pôle social multiactivité à Toulouse) au plus localisé (salon de coiffure à caractère social dans la Meuse !). Notons enfin que la Croix-

Rouge fut l'une des premières à fonder une unité de soins palliatifs, au sein de son hôpital des Charmettes à Lyon, où plus d'une dizaine de bénévoles se relaient chaque mois pour accompagner des personnes non pas jusqu'à la mort, mais jusqu'au bout de la vie.

Chaque fois que l'humanité de l'homme chancelle, il faut être là pour accompagner le passage difficile.

Mais au-delà de la Croix-Rouge, c'est évidemment l'ensemble des acteurs humanitaires, en France et dans le monde, qui n'a cessé d'optimiser ses réponses, d'améliorer ses dispositifs d'aide aux plus vulnérables et de renforcement des capacités, de créer des synergies dans nombre de domaines : lutte contre l'exclusion, combat contre les mines antipersonnel, aide aux réfugiés et aux déplacés, soutien aux communautés isolées, construction ou réhabilitation de villages rasés par des catastrophes, programmes de nutrition, développement de systèmes d'eau et d'assainissement, d'accès aux soins, de scolarisation...

Il ne faut pas oublier la relance économique. En effet, je considère que, dans son combat contre la pauvreté, l'action humanitaire ne peut s'abstraire des principes économiques et financiers de base qui permettent aux populations de retrouver à terme une activité viable sinon rentable, et ce, de manière autonome. Le système de la microfinance – qui offre des formules dérivées de microcrédits – a démontré son intérêt pour « offrir une possibilité, pas la charité ».

C'est une option « basée sur le respect des individus, de la diversité et des cultures », offrant « aux populations à faible revenu la possibilité de devenir autosuffisantes [1] ». Avec pour double fonction de reconstituer les outils de travail et de favoriser la renaissance d'échanges propres à tisser des liens sociaux.

Dans le champ humanitaire, la multiplicité des spécialités et des actions, sous toutes les latitudes, témoigne de l'intensité de l'engagement de ses opérateurs. Et leur expérience démontre que, pour obtenir des effets durables, cet engagement n'a jamais plus de poids que lorsqu'il repose sur un réseau d'alliances et d'acteurs réunis autour d'objectifs communs.

À quand un sommet mondial de l'humanitaire ?

Ce que j'ai appelé « action humanitaire durable » n'a pas pour objet d'identifier une nouvelle génération d'agents humanitaires. Un acteur humanitaire ne saurait être confondu avec une organisation de droits de l'homme, un organisme d'aide au développement, une association de défense de l'environnement ou un service social. Héritier proche ou plus lointain d'Henry Dunant, l'acteur humanitaire de référence continue de se distinguer par sa mission essentielle – soulager les

1. Selon la formulation donnée par l'organisme PlanetFinance (animé par Jacques Attali et Abdou Diouf, ancien président du Sénégal) dans *Global News*, mai 2005.

souffrances et restaurer les capacités de choix, à la recherche de cet équilibre qui permet la vie humaine – et par les principes sacro-saints qui le guident et conditionnent son engagement.

L'action humanitaire durable se conçoit cependant comme un champ d'action ouvert, souple et pragmatique, qui se nourrit et se renforce des convergences avec des organismes aux missions connexes et complémentaires (spécialistes de l'environnement, du développement, du travail social...) pour entretenir des relations étroites, et parfois organiques. Son champ de vision est volontairement élargi pour esquisser des solutions nouvelles et faire émerger des pratiques et des initiatives novatrices, loin de toutes chapelles et de glorioles individualistes. L'heure est aux synergies, aux partenariats, afin de mutualiser et de coaliser les savoir-faire concourant aux finalités durables de l'action humanitaire.

Le combat contre les vulnérabilités appelle aussi des alliances globales lorsque c'est possible. « Porter secours à tous ceux qui en ont besoin dépasse de beaucoup l'intérêt des particuliers. Le soin aux pauvres s'impose donc à la société tout entière », affirmait déjà Spinoza[1]. Cette réflexion vaut pour la France mais aussi pour la société internationale, dont on voit combien les composantes sont aujourd'hui interdépendantes.

1. *Éthique*, IV, append. 17.

Nous l'avons déjà souligné, l'humanitaire est devenu un axe de cristallisation autour duquel gravitent nombre d'acteurs autres que les opérateurs humanitaires classiques. Ce décloisonnement de l'humanitaire est bénéfique, souhaitable, et sans doute indispensable. À condition de délimiter clairement le partage des rôles et d'organiser la complémentarité des approches.

Avec les États tout d'abord. Les temps ne sont plus à la diabolisation frénétique, ni au contraire à la réaction affective consistant à tout attendre de l'État. Garant, ou supposé tel, de l'intérêt général dans chaque pays, il est un partenaire naturel de toute action humanitaire. Chacun peut le constater, dans les pays où l'État est faible, voire en faillite, le désordre et le délitement deviennent la règle, et parfois pour longtemps. Lorsqu'il est fort, il tend à s'arroger toutes les fonctions régulatrices de la société, y compris celles dans lesquelles il n'est pas compétent, avec pour conséquence de brider les énergies et d'étouffer les espaces de liberté. Pour être durable, l'action humanitaire doit miser sur le dialogue avec les États et ses représentants, les associer aux objectifs de protection et de reconstruction des biens et des personnes, selon un cadre contractualisé. Cette ligne de conduite, même si elle est parfois semée d'embûches, est la seule envisageable pour tout humanitaire qui cherche à accéder aux victimes, vise l'autonomie des personnes aidées, s'emploie à promouvoir un « humanitaire de transfert[1] » et entend faire partager le devoir de solidarité.

L'action humanitaire durable se conçoit très bien dans un échange, une sorte de division du travail, entre l'État et les pouvoirs publics d'une part, les organisations associatives et indépendantes d'autre part. Aux premiers un cadre général d'action et des moyens budgétaires correspondants, aux secondes une capacité de mise en œuvre, des réseaux particuliers et des capacités d'expertise et d'ajustement. Ce partage bien compris des rôles était peut-être plus difficilement concevable à la fin des années 1960 et au début des années 1970, alors que le champ des associations humanitaires était pour partie imprégné d'une idéologie de la contestation militante de l'État et de tous les pouvoirs traditionnels. Trente ans plus tard, même si le principe de l'indépendance de l'action est à préserver, cette idéologie s'est estompée, d'autant que l'impératif humanitaire a été partiellement intégré lui-même dans les objectifs et les mécanismes des pouvoirs publics, en particulier dans le monde occidental.

Les militaires constituent aussi des acteurs avec lesquels il faut compter dans les théâtres de l'action humanitaire, notamment en phase d'urgence. C'est le cas dans beaucoup de pays où des forces de maintien ou d'imposition de la paix sont déployées. C'est évi-

1. Selon l'expression de Jacques Lebas dans *Action sociale et action humanitaire, op. cit.*

demment le cas aussi des forces armées engagées dans les multiples conflits qui déchirent la planète. Là encore, pour ce qui est des forces armées internationales disposant d'un mandat humanitaire, il est vain de vilipender par principe cette présence militaire au motif qu'elle brouille les cartes de l'action neutre et indépendante. Il s'agit alors de recourir au dialogue afin d'élaborer un *modus operandi*, voire, dans le cadre du secours d'urgence, de nouer des partenariats permettant de dynamiser l'intervention. L'expérience acquise lors des crises successives ces dernières années a permis une certaine harmonisation des pratiques entre humanitaires et acteurs militaires issus de forces internationales, mais sans doute faudra-t-il encore du temps pour désamorcer les méfiances et définir des cadres de coopération plus fluides, comme c'est le cas avec les agences onusiennes ou des bailleurs de fonds tels que l'Union européenne.

Ce qui est sûr, c'est qu'il n'est pas de résolution durable de situations de crise et d'extrême pauvreté ni de parade possible aux menaces globales sans une action concertée à tous les échelons, des acteurs locaux aux organisations internationales, sans des réseaux d'alliances permettant la réalisation d'objectifs humanitaires.

Une perspective à laquelle doivent être associés les milieux économiques et de la finance, comme le rappelle l'ancien président du CICR, Cornelio Sommaruga : « Dans le cadre de ce qu'il est convenu d'appeler la mondialisation de l'économie, ces milieux jouent un rôle prédominant, souvent plus important que les États eux-mêmes. (...) Par leurs actions et leurs omissions, ils peuvent avoir une influence non négligeable sur les contextes au sein desquels les humanitaires sont appelés à évoluer. Ne pas approfondir le dialogue avec les milieux économiques (Banque mondiale, Fonds monétaire, compagnies transnationales ou acteurs économiques locaux) serait non seulement regrettable, ce serait une faute. » Et d'ajouter plus loin : « Dans ce monde global, j'en appelle à la globalisation des responsabilités[1]. »

Déjà de nombreuses entreprises et fondations d'entreprises nouent des partenariats permettant de démultiplier les moyens d'action. C'est singulièrement le cas dans les pays anglo-saxons. Aux États-Unis, le mécénat et la philanthropie représentaient 2,1 % du produit intérieur brut en 2002, alors que la France n'affichait qu'un maigre 0,1 % la même année (soit 134 millions d'euros). Et l'implication des entreprises dans ce domaine est appelée à croître dans les années à venir, en articulation avec les acteurs humanitaires. Au nom de cette responsabilité globale déclinée à l'échelle locale ; à partir de codes de conduite et de complémentarités définis dans l'intérêt de chacun, à commencer par celui des plus vulnérables et de la cohésion sociale à laquelle ils participent.

1. *Revue internationale de la Croix-Rouge*, n° 838, juin 2000.

Parce que la lutte contre la pauvreté est l'un des grands problèmes de notre présent, parce que le monde dans lequel nous vivons porte en germe de graves dangers pour l'avenir, le champ de vision et d'action de l'humanitaire gagnerait à ne pas rester cantonné au terrain pour s'ériger davantage en enjeu de débats, à la hauteur des défis que nous avons évoqués. Cela suppose que nous dépassions les controverses ponctuelles au lendemain de catastrophes ou de crises pour imaginer un espace de convergence ; un espace d'échange orienté sur la question humanitaire à l'échelle mondiale.

Le temps est en effet venu d'imaginer un grand rassemblement qui serait à l'humanitaire ce que Davos est à l'économie et Porto Alegre à l'altermondialisme. Un grand rendez-vous annuel qui réunirait États et décideurs politiques, chefs d'entreprise et décideurs financiers, organisations internationales et acteurs humanitaires, mais aussi représentants des médias, psychologues, sociologues, anthropologues, experts de l'environnement et du développement... Un sommet qui aurait la protection et la promotion de l'humain pour objet, et l'action humanitaire durable comme vecteur.

Dans cet esprit, les capacités à gérer les crises doivent aussi être réfléchies, étudiées, analysées, pour être davantage diffusées. Pour éviter que la crise devienne durable, alors que le développement, lui, ne l'est toujours pas ! Et pour cela l'échange utile n'est pas toujours celui qu'on croit, où le savoir viendrait uniquement du Nord pour éclairer les naufragés de la vie, toujours au Sud. Tout le monde doit naturellement apprendre des expériences des autres ; de nombreux gouvernements ou ONG du Sud, par les expériences parfois tristement subies, ont un précieux capital de connaissances à faire valoir à la fois pour d'autres gouvernements ou ONG du Sud mais aussi pour les décideurs ou les opérateurs du Nord.

L'ambition d'un tel dessein n'est pas extravagante. Car ce n'est rien moins que du principe d'humanité qu'il est question, tel qu'il se décline dans notre village planétaire, ou juste à côté de chez nous. Et sur ce plan, les déclarations rassurantes et les recettes homéopathiques ne sont plus de saison. L'interaction entre les pratiques et la réflexion, les engagements et les responsabilités, gagnera à devenir l'objet de délibérations collectives. Du local au global, l'humanitaire a un angle d'approche à faire valoir, des valeurs à faire partager dans les esprits et dans les faits, et une énergie à rendre contagieuse.

*

* *

Dernière conviction

Revenons pour finir au tsunami. J'ai écrit au début de ce livre qu'il constituait un tournant. J'en suis convaincu. Pas seulement parce que la gravité de ses conséquences milite pour l'essor de ce que j'ai appelé une action humanitaire durable. Mais aussi parce que l'élan de générosité qu'il a suscité fut d'une ampleur telle que je ne suis pas sûr que, sur l'instant, nous en ayons bien saisi les ressorts. Bien sûr, le choc des images et leur répétition ont soulevé une force émotionnelle qui explique en grande partie la profusion de dons et d'initiatives qui a suivi. Certes, la fonction humanitaire était d'abord convoquée pour apporter une réponse aux victimes de la tragédie et il lui appartient de remplir cette mission avec efficacité puis d'en rendre compte avec transparence. J'ai néanmoins le vif sentiment que ce débordement de générosité à destination des acteurs humanitaires exprimait aussi autre chose de la relation entre citoyens et humanitaires.

Chacun de nous, à des degrés divers, sent bien qu'il vit dans un monde instable. Chacun de nous perçoit désormais que derrière l'unicité de l'homme et de la planète existe une étonnante fragilité. Chacun peut ressentir que cette fragilité universelle nous rend démunis devant les incertitudes de l'avenir. À cette conscience contemporaine inquiète l'humanitaire peut être un recours. Non pas en cédant à la tentation idéologique ou politique. Mais en rendant accessibles les questionnements éthiques qui en forment le socle et traversent son action de bout en bout. C'est cette préoccupation éthique qui est à l'origine de ses conquêtes par le droit, qu'il s'agisse du droit humanitaire depuis l'époque d'Henry Dunant jusqu'à la Cour pénale internationale aujourd'hui, et ce sont des considérations éthiques aussi qui sous-tendent l'adoption en France de la loi sur les exclusions et des mesures allant dans la même voie.

J'ai la conviction que l'action humanitaire peut apporter du sens dans notre monde privé de boussole, en ce que l'éthique occupe et occupera certainement une place centrale dans notre monde. L'éthique est ce questionnement que chacun conduit dans sa conscience, et que nous devons aussi mener tous ensemble en quête de notre dignité lorsqu'elle est menacée. Elle a vocation à produire une stabilité en portant au premier rang des préoccupations la question des défis sociaux et humains, celle d'un engagement nécessaire, ouvert, accessible à tous.

L'aventure humaine est la seule qu'il nous sera donné de connaître. À nous de la vivre pleinement, par, avec et pour les autres.

Pour ne pas conclure...

Comment ne pas s'étonner en constatant que d'un côté l'humanitaire est devenu un cadre de référence globalisé dans les relations internationales et plébiscité par le grand public, alors que de l'autre il se réduit le plus souvent à des préoccupations techniques, logistiques, managériales, financières... Certes, il est du devoir des acteurs humanitaires de témoigner de leur efficience, de rendre des comptes précis et rigoureux à leurs donateurs. Certes, l'humanitaire n'est jamais mieux servi que par des associations veillant scrupuleusement à leurs principes d'indépendance et d'impartialité. J'ai néanmoins le sentiment que les personnes qui expriment leur confiance aux acteurs humanitaires, comme elles l'ont fait massivement après le tsunami, attendent d'eux autre chose que des rapports circonstanciés et des tableaux de chiffres. Elles espèrent d'autres récits que les simples énoncés de programmes en cours et de réalisations bien pensées.

Il n'est bien sûr pas dans le pouvoir de l'action humanitaire de changer, ni même de réenchanter l'avenir. Son pouvoir et son sens sont ailleurs : dans sa capacité à (ré)humaniser la vie. Elle incarne cette insurrection intime contre ce qui humilie. Elle relaie cette volonté inflexible à renforcer les liens avec tous les réprouvés et les oubliés de nos sociétés. Elle plonge au cœur des interrogations éthiques qui bousculent notre temps. Elle suscite cette onde de courage et de force qui grandit chacun de celles et de ceux qui s'y dédient.

Réhumaniser la vie. Beaucoup reste à faire. Je dirais même que nous n'en sommes qu'au commencement. Au commencement d'un élan antidote aux replis sur soi et aux égoïsmes, à l'indifférence et à l'étroitesse d'esprit. Au commencement d'une action humanitaire qui reprend son souffle et s'ouvre vers l'extérieur, s'entrelace avec des acteurs qui adhèrent à ses valeurs et se reconnaissent dans ses combats.

Dans le monde incertain qui est le nôtre, nous avons un destin commun à bâtir. Et j'ai la certitude que dans sa vocation durable, et responsable, l'humanitaire a son mot à dire.

Remerciements

Mes remerciements vont à tous ceux qui ont accueilli et accompagné ce projet avec la volonté de toujours faire mieux.

Ce volume a été composé par IGS-CP

Impression réalisée sur CAMERON par
BRODARD ET TAUPIN
La Flèche
en novembre 2005

N° d'édition : 74790/02 - N° d'impression : 33037
Dépôt légal : novembre 2005
Imprimé en France
ISBN : 2-01-235956-6